JN103226

「天使の翼」が
上手さ・強さの謎を解く！

新釈「力の抜きどころ」の重要性、そして「腕のしならせ方」について

田中整形クリニック院長
田中直史

文芸社

はじめに

　ここでいう「天使の翼」とは、ヒトの「肩甲骨」を表す。背中の両側にあって、腕の付け根部分にあるほぼ三角形の骨のことだ。

　この骨は誰もがその動きを自覚、認識することが難しく、成人以降、特に中高年では動かせる範囲自体もかなり低下してしまっている。しかし幼い子供たちの背中を見ていただければ、容易に肩甲骨の大きな動きを確認でき、あたかも「天使の翼」にたとえられることも納得していただけるものと思う。

　この書は、「肩甲骨および周辺筋」の重要性を中心的なテーマとし、スポーツ動作時における「ヒトの身体のつくりから見て理にかなった使い方」を徹底追求した私の第2弾だ。

　まずは自己紹介から……。大学卒業後、整形外科を専門とし、勤務医25年、診療所医師となって15年、計40年目となる。主に救急病院で外傷を中心に一般整形外科診療に従事し、今は片田舎の診療所医師だ。

　もともとスポーツ動作に人一倍興味があり、学生時代は野球や特にバレーボールを経験し、医師となってからは、日常診療において各種スポーツ障害の治療や予防にもひと通り従事してきたし、個人的にはテニスやゴルフも人並み

以上には経験してきた。

　整形外科の臨床現場では、各種スポーツ障害に対し、これまでも日々、研究・検討がなされ、近年の治療成績の向上は目覚ましく、目を見張るものがある。画像検査の技術革新や関節各部位の最小侵襲による内視鏡手術の進歩がその最たるものだ。ただ、あくまで治療医学の範囲にとどまっており、スポーツの上達を真に求める子供たちやスポーツ現場の関係者にとっての最大の関心事である「上手さ・強さ」についてまでは、整形外科やスポーツ医学の立場からは、決して明確な答が結論づけられてきたわけではなかったと言っていいだろう。

　私自身、無類のスポーツ好きであったため、医師になってしばらくしてから、「身体のつくり」を他の誰よりもよく知るはずの整形外科医という職業的立場ゆえに、スポーツの「上手さ・強さ」を現代の科学レベルでも真に解明できていない理由について考えるようになった。

　単に医師として、目の前の患者さんを治療するだけではなく、おこがましいかもしれないが、もっと広く深い概念で、もし「身体のつくり」からスポーツの「上手さ・強さ」の本質を指し示すことが可能となれば、単にパフォーマンスの向上のみならず、予防医学として、投球障害をはじめ、より身体に安全で理想的な優しいものを提示することができる。そして、無知から生まれる誤った練習メニューや、無用のトレーニングが原因のさまざまなスポー

ツ障害から、より多くの子供たち・若者たちを安全、確実に守れるとともに、予防や治療法にも大いに貢献しうるはずだと考えたからだ。

　そして、ひと通り臨床で多少は活躍できるようになった頃、旧来の考え方にはなかった手掛かりを見つけることができた。それは、幼い子供たちならどの子にも備わっている素晴らしく「大きな動き」、そして厚みや幅の非常に大きな筋群によって、身体の重さをも十分に支えることの可能な「力強さ」を併せ持った「肩甲骨とその周辺筋」だった。

　長年、救急病院で経験してきた立場から明言させていただくが、この部位は治療医学の現場からは実は全く重要視されてこなかった。日頃、誰もがこの部の動きを自覚することができないのはもちろんなのだが、通常は骨折等の外傷があっても、ほとんどのケースで日常生活では困らぬ程度に自然治癒が可能であり、外科（手術的）治療が必要となることもない。

　また、成長期以降は次第に、特に中高年以降では肩甲骨の動きが明らかに低下してしまっており、私がこの部位に着目した1990年代前半、当時は肩関節専門家の大先生の立場であっても、この部位はスポーツ動作でも動かない？　動かなくてもいい？　さらには存在自体まで無視していい？　といった程度の扱いだった。治療医学の実際の現場

では、この部位の重要性を改めて認識する機会が全くなかったと言っていいだろう。なるほど、ケガや病気のため治療の必要性があってこその医学であり、治療の必要性のない部位など医学の分野では無視されていたのも当然だったのだ。

　幼い子供たちなら誰にでも備わっている大きな動きにもかかわらず、現代医学に存在自体を全く感じさせず、臨床では整形外科医の誰もが無視してきた「肩甲骨および周辺筋」に対し、当時、まだ若かった私は、この部位に黒幕的存在としての大きな魅力を感じてしまい、さまざまな見地から見つめ直すことになった。

　そして、見つめれば見つめるほど、子供たちの肩甲骨の大きな動きや、さらに幅広く厚みのある大きな筋群の持つ機能の大きさが、何ゆえに身体のつくりをもっともよく知るはずの医学に見えないのか？　そんな疑問を抱えながら、私なりにこの部位についてさらに取り組むこととなり、1993年以降、数年間にわたり、治療医学の立場に限らず、各種学会・研究会等でこの部位の重要性を論じてきた（巻末、参考文献参照）。

　当時、力強さが必要なスポーツ動作においてでさえも、なぜ、この部位を軽視することになってしまったのか？その理由とは、私に言わせてもらえるのなら、すべてはこの部位の持てる能力が大き過ぎて、治療の現場に登場する

必要性がなかったためだ。そして私は、この部の持つ本来の機能を正しく生かしきることができれば、各種スポーツのパフォーマンス向上だけではなく、腰痛や投球障害などの障害予防に直結してくれると考え、年齢層別に比較可能なわかりやすい題材として、ゴルフスイングをテーマに、『天使の翼がゴルフを決める』（文芸社　2001年）というタイトルで、約19年前に一般向けに本を出版した。

　肩甲骨関連については、21世紀以降、世間の健康志向もあって、その後のごく短期間に脚光を浴び、今日ではリハビリ専門の分野では極めてメジャーな立ち位置になっている。また一般的にも「体幹」という言葉に含まれ、置き換えて語られ、重要視される風潮にもあるのだが、それらの流れを一気に加速させるきっかけをつくったのは私であると自負している。

　しかし前著書は、単に肩甲骨の動きの大きさと、周辺筋の力強さにこだわったのみであり、車にたとえれば、排気量の潜在能力として極めて大きい、というハード面の紹介にとどまってしまっていた。そのため、世間の多くのスポーツ・ゴルフ関係者および整形外科関連の諸先生方からの反論・異論も多くあったのはやむを得ない。

　確かに、若年者がより有利であるはずにもかかわらず、肩甲骨の可動域が相当低下しつつあるシニアの年齢でもまだまだ十分なパフォーマンスをおこなうことが可能で、単

に肩甲骨の動きや周辺筋機能の大きさからだけでは説明できない現象も数多く認められるからだ。

　その後も私なりに試行錯誤を繰り返し、紆余曲折しつつ、上手さ・強さに通じるメカニズムを求めて検討をおこなってきたのだが、ようやく、ゴルフスイングに限らず、あらゆるスポーツの上手さ・強さに通じる概念にたどり着き、一般の方々に向けて説明可能なまでに整理ができたので、今回第2弾として、この部位のソフト面を中心に紹介させていただくことになった。

　この部位が持つ、非常に特徴的ないくつかの点を存分に考慮し、またさまざまな日常動作における身体の処し方・使い方とも照らし合わせることで、スポーツ全般に共通するさまざまな現象や概念、例えば「力み」という表現や、対照的な意味である「力の抜きどころ」や「脱力」の重要性、そして投球動作に代表される「ムチのように腕をたわませ、しならせる」といった使い方と肩甲骨との関連性について、さらには腕をしならせるかのような動きがどうしてパフォーマンス向上につながり、何ゆえに軽く振ってもよく飛ぶのか、といった、一筋縄では理解できない謎ともいえるメカニズムについても、整形外科医として持てる知識と知恵を絞り、私なりに身体のつくりからの謎解きを述べさせていただくことになる。

　いずれも「肩甲骨および周辺筋」が持つ強力な潜在能力

を最大限パワフルに生かす運転テクニックの要の部分と言え、最終的には、あの長嶋茂雄監督の選手時代のパフォーマンスを一つの理想と捉えた結論とさせていただいた。当時リアルタイムで長嶋選手のプレーをご存じの中高年以上の年輩の方々なら、おそらく十分に納得していただける展開だと私は確信している。

　前著書の反省もあり、難解な解剖学的な内容は必要最低限とし、できるだけ平易な内容を心がけたつもりだが、皆さん方には身体の構造についての多少のお勉強もしていただく必要がある。誰もが記憶に残せず、こだわることのできなかった部位でもあり、皆さん方にとっては馴染みのない観点からのものばかりだからだ。

　また、題材の中心が、幅広い年齢層が対象可能なゴルフとなってしまう点はご理解いただき、肩関節や背骨の基本構造にも準じ、全人類、さらに哺乳類全般に普遍的に通じる概念として、私が提唱する「身体のつくりから見て理にかなった使い方」、さらには種目を問わず、スポーツ関係者なら誰もが求める「スポーツの上手さ・強さとは？」という究極の命題に対する身体のつくりからの答を求めて、私なりに開拓者精神でもって話を進めさせていただこう。ではよろしくお願いします。

　　令和2年6月　　　　　　　　　　　　　　　筆者

も く じ

第4部 補足

第 1 部

基本編

力の抜きどころ・脱力の意義と重要性

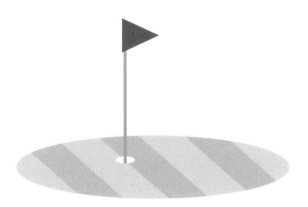

本書の主題である肩甲骨（天使の翼）を掲げて論じる前に、まずは「力み」や「脱力」という点からスポーツ動作を見つめ直してみよう。この先、メインテーマの「天使の翼」を展開していくうえでも、非常に重要なものだ。

　スポーツでは当然、力強さなるものが要求される。野球であれば、剛速球を投げ、バッドでできるだけ遠くへ鋭い打球をかっ飛ばし、また格闘技であれば、強い大きい相手であっても倒す必要がある。しかし反面、いくらがむしゃらに強く力を入れて身体を使おうとしても、無駄に力んでしまい、力強さも正確さもイマイチ、あるいはさっぱりな結果となる場合も多い。より正しい、または好ましいであろう身体の理想的な使い方があるはずなのだが、いわゆる「力み」に対する対応としては、「肩の力を抜いてリラックスして……」といった表現程度のみで、スポーツの現場でもこれら以外は耳にすることはまずない。

　この第1部では、スポーツ動作の中身にこだわり、「力み」そして対照的な言葉である「脱力」や「力の抜きどころ」に真正面から着目し、そこから新しい目線でスポーツを見つめ直してみよう。

上級者を真似ることの難しさ

　上級者たちの動きを真似ることが、上達するための第一歩であることは言うまでもない。ここでは、われわれ一般人レベルの目線から、彼らの理想的な動きをそのまま真似ることがどれほど難しいことなのか、という点からアプローチしてみよう。

　各種スポーツでのプロ・上級者たちのパフォーマンスを間近で見るにつけ、幼い子供たちだけではなく、われわれ一般成人の立場からも、そのかけ離れた技量の違いに驚嘆し魅了され、そして誰もが彼らのレベルにほんのわずかでも近づきたいと願うはずだ。ゴルフでも野球でもテニスでも、お気に入りのプロ・上級者たちの動きを隅から隅までできるだけ真似てみたくなるだろう。

　しかし、たとえクラブ、バットやラケットをある程度以上に力強く振り回せるだけの体力・筋力があっても、結果はとても残念なものとなり、また自身がプレイしている動画を確認すれば、似ても似つかぬ無様な醜態をさらしていることにがっかりした経験をお持ちの皆さんも多いのではないだろうか？　私もこれまで繰り返し、何度も挫折し続けてきた一人であることは言うまでもない。

特に成人以降に始めた一般アマチュアゴルファーなら、いくらプロを真似ようと努めたところで、全く結果が伴わないことがほとんどだ。自分よりはるかに体格・体力のおとるはずの小柄な女子プロにさえも、何ゆえに足元にすら及ばないのか？　なぜスポーツ動作においては、たとえ体力・筋力が十分にあっても、上級者への道は果てしなく遠く、「上級者のパフォーマンスを真似る」ということがどうしてこれほどまでに難しいのか？　そこには見かけだけでは説明できない何かがあるはずで、真に真似るためにはいったい何が必要で何が欠けているのだろうか？　と、皆さん疑問に感じたり悩んだりしなかっただろうか？

　一部には、見た目の理想と現実・結果に大きな違いを感じることなく、容易にプロを真似ることのできた奇特で恵まれた方もおられるかもしれない。が、そのような方々はさておき、まずは一般アマチュアの方々を対象に、なぜ「上級者を真似る」ことがどれだけ難しいのか、という点から始めてみよう。あくまで私なりに「身体のつくり」に徹底して準じており、多少は面倒な展開となるのは許していただこう。

② 動作解析はどこまでわかるのか？

✒動作解析の問題点

　どんなスポーツであれ、スポーツ動作を論じる場合、まずは動作解析・分析から始まるものだ。プレーヤーがどのように身体の各部位を動かしているのかを見ていくのだが、結論から言えば、その結果からわかることは、身体の各部位がどの方向に、どのような速度で、どのような軌道を描いて位置移動しているのか、ということまでであり、その動きを実際におこなわせている肝心の力の中身や本質については、動作解析からは実は全くわからないのだ。

　例えば、とあるプレーヤーの何らかの動作における肘の動きを観察してみよう。

　肩や手は見えず、肘だけが見えているとする。まずは肘関節が曲がっていくのを観察できたとしよう（図1-1）。この場合、普通に考えれば、腕の前方にあって肘を曲げる筋である、いわゆる力こぶの筋肉（上腕二頭筋他）が作動して肘関節が動かされていることになる（a）が、実際には必ずしもそうとは限らない。何か別の外力が働いて肘が曲げられているのかもしれないし（b）、場合によっては、本人は伸ばそうとしているのに、逆にそれより強い曲げる

外力が加わっているのかもしれない(c)。あるいは肩や手首の動きに伴って肘が動かされているだけなのかもしれない。

　ヒトの筋は、ほとんどが二関節筋といって、例えば肘の動きに関わる上腕二頭筋や三頭筋も、いずれも肩甲骨から起始し、肩と肘の二つの関節を乗り越えまたいで走行して

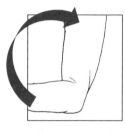

肘が曲がっている

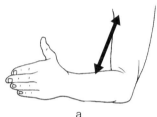

a

上腕二頭筋のみが働いている
（本人が曲げようとして曲がっていく）

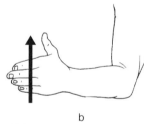

b

外力のみが働いている
（本人は力を加えていないが、外力が働いて曲がっていく）

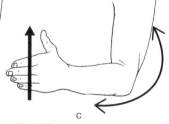

c

上腕三頭筋がはたらいているが、より強い外力が働いている
（本人は伸ばそうとしているが、より強い外力により曲がっていく）

図1-1

いる。また、手首の動きを担う筋群も、肘の上から起始している。したがって、肘の動きに伴い、隣の肩や手首までも動かされてしまったり、逆に肩や手首だけを使うつもりでも、肘も同時に動かされてしまうことにもなる。

　他に例を挙げれば、指を握る筋が肘下の辺りから起始し、手首を越えて指に停止したり、膝を伸ばす筋（大腿四頭筋）は一部骨盤から起始し、股関節を越えて膝の下まで走行している。ふくらはぎの筋（下腿三頭筋）も、一部膝上から起始して、膝・足首を越えて踵まで走行している。つまり、指の動きに伴って手首が動いたり、膝の動きに伴って股関節や足首が動くことにもなり、ヒト関節運動をもたらすものは単純なものではない。

　では、今度は逆に肘が伸びていくとしよう（図1-2）。この場合は、腕の後方にあって肘を伸ばす作用である上腕三頭筋が働いているのか（a）、または重力も含めて他の外力も合わさった結果かもしれないし（b）、それとも本人は曲げようとしているのに、それを上回る外力によって逆に伸ばされているのかもしれない（c）。もしかして肩を下ろそうとして一緒に肘が伸びているだけかもしれない。

　さらに次は、肘が全く動いていない場合だ（図1-3）。動かないのであるから、先の上腕二頭筋も三頭筋も全く働いておらず、何ものも作用していないのか（a）、それともどちらも働いていて、均衡しているのかもしれない（b）。あるいは何か手に重い物を載せていて、その重さ・外力に

対して上腕二頭筋が働いて支えているかもしれない（d）。逆に、曲げられようとして、上腕三頭筋が抵抗しているのかもしれない（c）。もしかして、動きを決して生じないように、本人が目一杯努めている可能性もある。第一、動きがなければ、データもゼロとなり、何の情報も得られないことにもなりかねない。

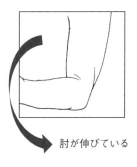

肘が伸びている

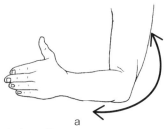

a

上腕三頭筋のみが働いている
（本人が伸ばそうとして伸びていく）

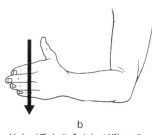

b

外力（重力を含む）が働いているのみ
（本人は力を加えていないが、外力が働いて伸ばされていく）

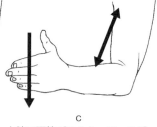

c

上腕二頭筋がはたらいているが、より強い外力（重力を含む）が働いている
（本人は曲げようとしているが、より強い外力により伸びていく）

図1-2

肘の動きは認められないが……

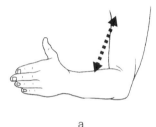

a
筋は働いておらず静止している
（わずかに重力の分だけ支えてい
るのみ）

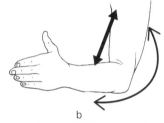

b
上腕二頭筋と上腕三頭筋がとも
に働いている
（肘が動かぬように力を入れてい
る）

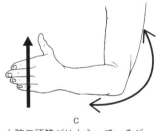

c
上腕三頭筋がはたらいているが、
同等の外力も働き、肘は静止し
ている

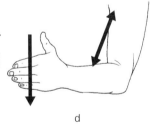

d
上腕二頭筋がはたらいているが、
同等の外力（重力を含む）も働
き肘は静止している

図1-3

肘関節を例に、動きをもたらす中身や本質についてこだわってみたのだが、もっとも単純な肘の曲げ伸ばしだけという二次元の動きでさえもこの状況だ。三次元の動きのある関節ならば、もっと複雑となることが理解していただけるだろう。実際の動きの中では、もっと入り組んでおり、ゴルフスイングのように両腕が合わさった動きなら、お互いが影響してなおさら複雑となっているはずで、たとえ正確な動作解析によって、厳密で詳細な動きがわかったとしても、その動きをもたらしている力源の中身や本質までは、実は全くわからないのだ。

✐動きの中身・本質を知ることの難しさ

　つまり、ある関節が動かされていても、必ずしも本来の動作筋が働いているわけではなく、何かにつられた、あるいは強いられた動きかもしれず、本人たちが全く意図したものではないことも多い。さらには動きの途中でそれらの中身が入れ替わってしまう場合もある。また、下半身等の動きも加わったり、重力や遠心力が大きく関わっていることもあるだろう。逆に関節の動きが全くなくとも、何も働いていないのではなく、彼らがその関節を精一杯動かぬように努めた結果である場合も多い。

　スポーツでは動きを真似ることが上達するための第一歩であることは決して間違いではないのだが、上級者本人た

ちですら自覚できていない動きもあり、それらも含めた中身までを真似しきれない限り、得られた情報からいくら正確に見かけの動きだけを意識して単に真似てみても、結果が伴わないことも当然なのだろう。

　手の動きについても見てみよう。腕の動き、例えば肘によっても肩によっても、手の位置は大きく動かされる。さらに背骨・股関節の回旋やその他の動きによっても、手は大きく移動してしまうことは明らかだ。

　ゴルフスイングに限らず、どんなスポーツでもほぼ全身運動であり、手の動きも、プレーヤーの身体各部の動きがすべて合計された結果だ。ゴルフクラブの軌道については、さらに手先手首の動きが合算されたものだ。特に手首の動きについてはちょっとした動きのつもりであっても、実際にはクラブヘッドに非常に大きな動きをもたらす。また、無駄な動きがなく安定していることが好ましいという頭の位置や、いわゆる下半身の壁やスウェーの有無といったものも、複数以上の筋や部位での働きや動きが合算・清算された結果のはずだ。

　個々の部位の動きや中身を詳細に分析することも困難で、クラブの軌道やフェース面の向きなども最終的に重要なチェックポイントになりはしても、単にこれらだけ真似ようと努めてみたところで、上級者の動きの中身にはほど遠いのも当然である。それでは具体的にどこをどう真似るこ

とで、上級者のスイングの中身により正確に近づくことができるのだろうか?

　実際、外見からは極めて変則に見えても、再現性高く素晴らしいパフォーマンスを発揮しているプレーヤーもたくさんおられる。そこには、単に見た目の動きだけでは説明できない、上級者に共通する何らかの理屈があるはずだ。また、上手な人ほどいとも簡単にクラブを振っているようにも見える。見かけの動きを真似る以外に、上級者の中身や本質を真似るための、より単純で安易な理屈や方法・手段というものはないのだろうか?　私は、意外な部分に一般アマチュアがこだわるべき本質があるのかも、と思ったのだが……。

3 ハンマー(打腱器)動作からわかる「力の抜きどころ」

　そこで、実際のゴルフスイングから一歩下がって、もっとわかりやすい単純な動きを例にとり、各関節の動きの中身や本質について、見た目どおりに本来の筋肉がしっかりとそこで働いているのか、何か他に働いて影響しているものはないのか？　それらについて検討してみよう。

　さらに、そこから得られたヒントから、われわれ一般アマチュアゴルファーを念頭に、見た目の動き以外の真似るべきテーマについて、私がたどり着いたものを紹介しよう。

♪ ハンマーを振ってみよう

　われわれ整形外科医が診察室で用いる打腱器（ハンマー）という道具がある（図1-4）。膝関節のお皿のすぐ下の腱を叩くと反射的に膝が伸びて、整形外科では脳・脊髄・神経の異常を調べる時に使う道具だ。先がゴムでできており、弾力があって柔らかく、机を叩いても傷つかない、わずか100ｇに満たない程度の代物だ。工具の金槌（250ｇ以上）と比べてかなり軽い（以下、本書でのハンマーとは打腱器を指す）。いわゆるハンマー投げのハンマーとは異なることをお断りしておく。

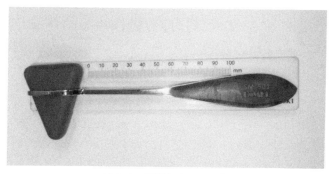

図1-4　打腱器（ハンマー）

　このハンマーを持って、スナップを利かせるように、上下に動かしながら、何回か軽やかに机を叩いてみよう（図1-5）。他に類似のものを挙げると、和太鼓を弾みよく叩くイメージだ。

　机を弾みよく叩いたあと、上方向へ切り返して、ハンマーが上がっていく。途中からは、肘を曲げる作用である上腕二頭筋を積極的に使わずとも、ハンマー自身が持ちえた運動エネルギーによって上がっていき、肘も逆らわずにゆっくりつられて曲がり、同時に肘を伸ばす筋である上腕三頭筋が自然に伸ばされ、手首もごく自然に親指側へ倒されるようにハンマーが上がっていく。握っている力もハンマーの動きを妨げない程度の緩さとなっているだろう。上げる大きさも正確さもさほど意識せず、弾みよく振ることだけにこだわっているはずだ。

　そのあと、ハンマーは自然に失速し、頂点を越えて止まってから、おもむろに落ちだすのを待ち、そのあとは力を加えずとも重力によって、肩・上腕・肘も次第に加速して下りていく。肘や手首の動きがわずかに遅れるが、直後に上腕三頭筋が作動して肘関節が伸ばされつつ、手関節も小指側に傾いていくというものだ。

　肩の下りる動きに少し遅れて肘が伸びていくのだが、一瞬遅れた分だけ、上腕三頭筋が引き伸ばされることになる。この瞬間に、いわゆる筋伸展反射$_{*1}$が働くことになり、筋の収縮力が高まって、そのあとに上腕三頭筋がより力強く収縮して働き、肘がしっかり伸ばされていくことになる。手関節でも、肘の動きに遅れて同様に働いているだろう。

＊１　筋伸展反射：筋が受動的に引き伸ばされると、反射的に
　　　収縮する生理的な現象。伸張反射ともいう。上腕三頭筋
　　　（肘を伸ばす筋）が肩甲骨から起始して肩関節と肘関節
　　　をまたいで走行している。ここでは肩が下ろされても、
　　　肘関節が伸ばされるのをわずかに遅らせることで、上腕
　　　三頭筋を伸展させることになり、結果、筋伸展反射が働
　　　き、その直後に、より筋収縮が強く生じて上腕三頭筋の
　　　筋力を高めることになる。

　この「反射」というものは、特に弾みよく身体を使う場合には、誰もが無意識に活用しているものであり、かなり応用範囲が広く、今後も何度か登場するので覚えておいていただこう。

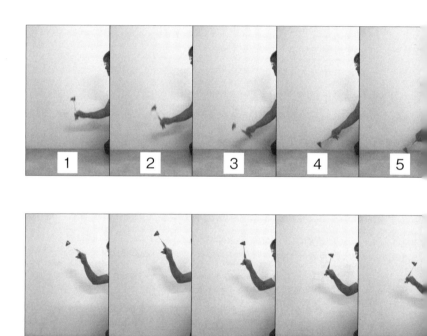

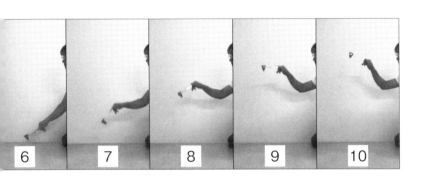

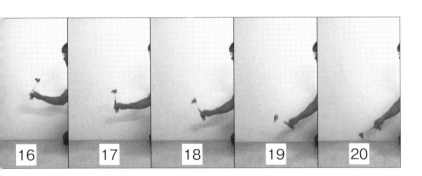

図1-5 打鍵器動作

ここまではほとんどと言っていいほど、本人は力を強く加えておらず、重力も含めて一連の動きの中で自然に生み出されたエネルギー、そして生理的な反射をも有効に生かしてリズミカルに動かしていることになる。

　そして、ハンマーの柄が水平ぐらいの高さに近くなったあたりのタイミングで、グリップも抜けない程度のまま、スナップを利かせつつ、弾みよく腕をたわませ、しならせて机を叩くイメージだ。加速されてきたハンマーの持つ勢いに合わせて、肘を伸ばすように力を加える形で、弾みよく机を叩くことになる。握る力も衝撃に備えて緩まない程度のまま、特に強く握り直す必要もない。

　そして、机を叩いた直後に上方向へ方向転換するや、途中からハンマーの持つ運動エネルギーにつられて再び腕は上がっていく……。

　繰り返すほどに、次第に弾みよく、あたかも腕をたわませ、しならせるようなリズム感を持って、ヒト腕ならではの力強くかつ正確で安定した使い方が可能となるだろう。ドラム演奏や和太鼓を叩く際も同様なリズム感でおこなっているはずだ。

　こういった一連の動きの中で、意識して積極的に力を強く加えているのは、ハンマーの柄がほぼ水平から下の、机を叩いた前後のわずかな時間帯だけだ。水平から上にハンマーがあるかなりの時間帯では、ハンマー自身に与えられ

た運動エネルギーと重力、そして筋伸展反射にほぼ任せた
動きとなっており、本人はその間は意識して力強さを発揮
して振っているわけではなく、どちらかといえば、極力、
逆に「脱力」させており、ほぼハンマー自身の動きに委ね
るのみで、無駄な動きをさせない程度の力感を保ちつつ、
決して強い力を込めてなどいないはずだ。和太鼓では上か
らに加え横から叩く場合も、より大きな音を出す際もイ
メージはほぼ同じだろう。

✍ ハンマー動作を真似るためには？

　もし、誰かがこれらの動きだけを真似て、積極的に、あ
るいはがむしゃらに勢いよくハンマーを振り上げ、振り下
ろそうとしようものなら、腕をたわませ、しならせといっ
た振り方ができるはずもなく、粗雑で乱暴、そして不正確
な動きとなって、理想的な動きとはかけ離れたものになる
だろう。まして大きく上げ過ぎて、大上段から振り下ろせ
ば、結果は全く似ても似つかぬものとなってしまうことは
明らかだ。

　さらに細かく指摘すれば、振り上げる最初の時点で無駄
に力を強く込めてしまえば、もうそれだけでそのあとは本
来の理想的な弾みよい使い方が全くできなくなってしまう
のではないか？

　つまり、動きの本質や中身を真似るにあたっては、積極

的に力強く使うべきではないところ、「力の抜きどころ」が重要であり、重力や筋伸展反射を最大限活用しつつ、途中からではなく最初から「力の抜きどころ」をできるだけ「力の入れどころ」の直前までしっかり真似ておくことが、再現性・確実性の点からも極めて重要ということにならないだろうか？

　他に類似例を挙げると、今はもう街中で経験することはないのだが、いわゆる薪（まき）割りになるだろう。無用な力みも不要で、ちょっとしたコツ次第で容易におこなえていたはずだ。

　いかがだろう？　ここまでハンマー動作の中身を厳密に検討し、上級者を真似るためのヒントを探ってきた。いつも見慣れた動作であっても、「見た目の動き」と「意識した力の入れどころ」には、実際には非常に大きな開きがあり、その違いを無視して単に動きの軌道だけを真似ても、結果は全く似ても似つかぬ、かけ離れたものとなることを、われわれは改めて謙虚に目を逸（そ）らすことなく見つめ直すべきではないだろうか。

　ハンマー動作から得られた一つの結論だ。動きを真に真似るためには、見かけの動きの軌道や軌跡だけを真似るのではなく、動きをもたらす中身や本質を重視し、逆に使わない方（かた）、動かさない方（かた）、力の抜き方、脱力といった、全く逆の視点が実は重要となる。しかしこれまでの多くの教え

も、各部の動きをなぞるように、真似るように、見た目の動かし方・使い方が中心となっていたはずだ。

　実際、飛ばしのテクニックを問えば、「脱力」という言葉で答えるプロゴルファーも多いと聞く。決して暴論でもないだろう。中には「身体をタコのように脱力して……」という表現をするプロもいるそうだ。野球の投手でも、ある程度以上のレベルになれば、確かに指導者から「できるだけ肩の力を抜いてリラックスして投げなさい」とコーチされており、動作途中から力を抜いてというわけにもいかないはずだ。歯を食いしばるかのような力みは全く不要であることは、もう皆さん、すでに了解していただいているだろうが、ゴルフスイングにおいても、投球動作やハンマー動作と同様の、上級者に共通する本来の理想的なリズム・タイミングを真似るためには、アドレスの最初の時点から、手や腕に力みなく開始していくべきことが、もっとも基本的な約束事であるとして話を続けよう。

※この先、第1部の内容はゴルフスイング中心の内容になることをご了承ください。

④ ゴルフスイングにおける「力の抜きどころ」

　ここから先は大胆に頭を切り替えていただき、全く新しい観点からスポーツ動作を見てみよう。

　ゴルフスイングでも、投球動作やハンマー動作、和太鼓と同様、「力の入れ方・身体の動かし方」よりも、平均的な一般男性で、ある程度にしっかりと力強く腕を振れる場合を前提に、「力の抜き方」あるいは「使わない方（かた）・動かさない方（かた）」「脱力」といった環境が重要だと考えて、スイングを見つめ直してみよう。

✔ゴルフにおける「力の抜きどころ」とは？

　私もそうだったのだが、できるだけ遠くへ飛ばしたいと願う多くの一般アマチュアの方々にとっては、おそらく極めて勇気の要るテーマとなる。もちろん、これまでの多くの指導で指摘されている見た目の動き、そして身体の使い方・動かし方が基本的に重要であることには変わりはなく、決してそれらを否定するものではない。まずは使い方・動かし方中心の指導の足らない部分・欠けている部分を補うものと考えていただき、話を進めよう。

　「力の抜きどころ・入れどころ」のタイミングだが、投球動作では、一般に動作前半はできるだけリラックスして力むことなく、動作後半の「ボールリリース直前からフォロースルー」が「力の入れどころ」になる。捕手が投手に向かって肩回りをリラックスさせるようなアドバイスをしている光景もよく見かける。ハンマー動作と同じで、これにはさほど反論・異論は出ないはずだ。

　ゴルフスイングでも同様に、ドライバーショットを念頭において考えていこう。ハンマー動作になぞらえるのであれば、アドレスからテークバック、バックスイングからトップ、さらにシャフトがほぼ水平位のダウンスイング前半までは「力の入れどころ」ではないことになる。水平位付近以降からようやく「力の入れどころ」となって、インパクト直前からスイング後半に力感の集中したリズム・タイミングとなるはずだ。「インパクト以降で音を鳴らせ」と言われているのもその結果なのだろう。

　観察する側から見れば、トップの位置や形、大きさなどは確かに評価もしやすいのだが、見た目に評価しやすくとも、ハンマー動作と同様にスイング前半のトップ周辺付近には力感を決して集中させない、ピークやマックスとさせてはいけないという点をしっかり守る必要がある。

　グリップも、理想的にはスイング中は特に力感を変化させることなく、重力や遠心力の働いたクラブが無駄な動きをせず、途中で投げ出されることのない程度だ。トップの

位置でも同様で、そのあともダウンスイングでクラブが加速され、インパクトにおいても衝撃に耐えうる程度の強さで十分であり、ハンマー動作と同じでトップやインパクトの瞬間に改めて力を強く込めて握り込む必要はないはずだ。また、ここではクラブの細かい軌道等については、一切こだわらないこともお断りしておこう。

✎ シニア上級者の「力の抜きどころ」は？

良い見本と思われるのが、シニア世代のトップアマチュアだ。まずは、彼らにほぼ共通する、テークバックが浅めのコンパクトなスイングについてアプローチしてみよう。

私の周りのシニアのシングル上級者たちもほとんどが、有名若手プロゴルファーと比較し、明らかに浅く、トップのシャフトの位置は、ほとんど垂直位（正面から見て180度。ほぼ12時の位置）に近いものもあり、多くは水平（270度。ほぼ3時）までは全く行かない傾向にある。

確かに年齢とともに柔軟性が低下して、腰や肩が回りにくくなってしまっているからという理由もあろう。しかし、テークバックで手や肘の余分な動きを使ってまで、あえて不足分を補うこともなく、トップの位置がコンパクトでしかも力感がなくとも、その後のダウンスイング途中から、加速されつつ、リズム・タイミングよく振り切っているこ

とで、ボールも非常に弾みよく飛んでいるように見える。

　無駄な動きは全くなく、私にはハンマー動作と同様のシンプルな動きに見える。相当な飛距離も常に安定して発揮されていることから、ダウンスイング後半で、インパクト直前から力の入れどころへと弾みよく正確に加速され、いわゆるクラブヘッドもよく走って、結果として、最近よく指標として用いられるミート率*2の非常に高いボールを打ち出すことができているのだろう。

＊２　ミート率：クラブのヘッドスピードに対する、打ち出されるボールの初速の比。1.5がベストとされる。ヘッドスピードが速くても、ミート率が悪いとボールの初速が遅く、飛距離が出ない。女子プロでは一般男性アマチュアよりもヘッドスピードの割によく飛ぶが、それはミート率が高いためとされている。

　ミート率については、インパクト時にクラブヘッドの芯に当たっているかどうか、軌道に伴ってスピン量がどうか、ということだけではなく、ダウンスイング前半の「力の抜きどころ」から、後半のインパクト以降の「力の入れどころ」へと、どれほどスムーズにギアチェンジして加速できるかどうかが重要だと私は考えている。

　インパクトでは、クラブヘッドが持っているエネルギーを、ボールにできるだけ多く分け与えることになるのだが、もしヘッド自身が十分に加速していく環境下であれば、持

てるエネルギーの多くをボールに分け与えても、加速されていく分だけ、ヘッドがよく走り、インパクト直後の失速も少なくすみ、その後もさらに加速されていくことになる。物理工学関係の方々の立場からは異論があるかもしれないが、その場合はインパクト後に離れていくボールに対してもごくわずかでも長く接触できて、さらにエネルギーを与え続けることが可能となる、と説明できるだろう。

「打っておしまい」よりも「クラブフェースにボールを載せて運ぶ」かのような表現のスイングが好ましく、私はこのような状況下でインパクトを迎えることが、打ち出されたボールの初速向上、すなわちミート率向上にもっとも関係しているものと見ている。

もちろん、インパクトは数万分の一秒の世界とされ、インパクト時のヘッドスピードだけがすべてとおっしゃる方々がおられるのも了解している。ただ、実際にボールと接触するインパクト周辺がもっとも重要であり、より後半に力感が集中し、クラブヘッドのよく走るスイングが好ましいことも明らかだ。

つまり「テークバックからトップ、さらにダウンスイング前半まで」の役割は「力の抜きどころ」として、あくまでその後のダウンスイング後半の「シャフトが水平付近以降からフォロースイングまで」の「力の入れどころ」を活かすためのものと捉えることだ。

　スイング前半のダウンスイング途中までは準備運動程度
であり、走り幅跳びにたとえるのならあくまで助走であり、
その後のもっとも重要なインパクト付近での「力の入れどこ
ろ」が、あたかも踏み切りとなって加速されていくと見
ていいだろう。

✒ 投球動作とスイング動作の共通点

　野球の投手にゴルフ上手が多い理由の一つは、投球動作
とゴルフスイングでは、見かけは全く異なっていても、動
作前半にではなく、後半に「力の入れどころ」をしっかり
集中させるというリズム・タイミングがそもそも両者で共
通しているためだと考えられる。

　この、後半に力感が集中するというリズム・タイミング
をしっかりと安定して実践・発揮することで、フィニッ
シュまで自然に振り切れるようなスイングが可能となるわ
けだ。たとえ非力であっても、このリズム・タイミングを
真似ることが上級者へ確実に近づくためのもっとも単純な
近道ではないか？　と見つめ直してはどうだろう。

　対して多くの男性のアベレージゴルファーでは、どうし
ても形から真似て入ってしまうためだろう、振り回せる体
力・筋力もあることで、最初からより大きな飛距離を求め
て、可能な限りダイナミックなスイングを目指してしまう。
ダウンスイング前半までのどこかで「力の抜きどころ」が

なく、無駄に力が入り、持てるパワーをすでにかなり消費してしまい、その後も十分な「力の入れどころ」への変化もつくれずに、結果としてハンマー動作や投球動作とは全く異なったリズム・タイミングのスイングにしかならない。

　私個人の好みもあるが、理想は岡本綾子プロの「力み」を全く感じさせなかったスイングだ。私がゴルフを始めた頃、全米でも、「飛ばし屋の彼女は、いったい身体のどこに力を入れてフルスイングしているのか？」という疑問がよく言われていた。今頃になって、ようやくその答が私なりに見出せるようになった。

　もちろん私の個人的見解に過ぎないのだが、彼女はこの「力を入れる」という点では、動かしてはいけない部分、例えばスイング軸の安定や体幹の腹筋群等に割いている配分が大きく、軸などが決してぶれない範囲内でしかクラブを振っていなかったのと、やはりスイング前半の「力の抜きどころ」が特別に卓越していたために、一見、力強さが感じとれずともミート率の非常に高いスイングとなっていたのだろう。

　われわれはどうしても見た目の動きを真似ることになってしまうのだが、ここまで述べてきたように、実際の「力の入れどころ・抜きどころ」は見た目では正確にはわからないものだ。動きを真似ようといくら努めても、上手くい

かない場合は、まずは「力の抜きどころ」をしっかりつく
るという逆転の発想が必要だと考えてはどうだろう？　例
えば、周りからは素振りは褒められるのに、実際にボール
を打つとすぐに力んでしまうような男性陣は、特に真剣に
見つめ直していただきたいのだが……。もちろん私自身も
そうだったが、最初はかなりの謙虚さ、素直さと、そして
挫折を繰り返す勇気や粘り強さも要るだろう。

⑤ 「力の抜きどころ」を会得するには？

　ここまで、プロ・上級者たちのスイングを真似ることの難しさから、整形外科医にとってもっとも身近な道具であるハンマー動作から手がかりを見出し、「力の抜きどころ」という一点にこだわって、われわれアマチュアゴルファーにとっての打開策・方向性を探ってきた。ここから導いてきた結論は、クラブをしっかり振れる体力・筋力のある一般アマチュアにとって、真似るべきテーマとは、見かけの動きを真似ることではなく、スイング前半で「力の抜きどころ」をしっかりつくりだすこととなった。

✎「力の抜きどころ」をつくるための練習法①

　この「力の抜きどころ」をつくりだすためのより確実な練習方法として、一般的にすでによく指導されているものを、私なりに紹介してみよう。

　私も個人的にクラチャン経験者にアドバイスいただいたこともあるのだが、ハーフスイング練習がもっとも基本だと私は見ている。指導者によっては、スイングの大きさを制限するよりも、できるだけゆっくりとスイングし、飛距離を落としてしっかりボールをコントロールすることを勧

めている向きもあるが、それはより上級者向きと考えている。まずは力の抜きどころを会得する目的で、オーバースイングの改善とあわせ、ハーフスイングからアプローチしてみよう。ここではもっとも違いのわかりやすいドライバーショットをモデルに話してみよう。

　私自身もともとオーバースイング傾向が強く、トップでシャフトが垂直（正面から見て180度。ほぼ12時の位置）で終了するぐらいの浅さのつもりでも、ほとんど水平まで来ており（270度。ほぼ3時）、少し力むと左肘も容易に曲がり、手首のコック動作も加わり、極端なオーバースイングになっていた。私も含め多くの一般成人のアマチュアではそのような傾向が強いと見受けられる。

　対して若手のプロゴルファーたちの多くでは、シャフトがほぼ水平位（ほぼ3時）までであるが、実際われわれがそこまで真似ようとすれば、必ずと言っていいほど強いオーバースイングになってしまう。テークバック途中から加速するようなら、もっと強いオーバースイングとなるだろう。しかし、一般にトップでクラブが暴れているような上級の実力者を見かけることはまずない。

　クラブの重さ自体は、スイング中、当然だが変わることはない。だが、手の位置から見てクラブは、シャフトが垂直位にあるほどにバランスをとるだけとなって軽く感じられるのに対し、水平位に近くなれば、いわゆるモーメント

力が加わって重く感じられ、オーバースイングとなるに従い、より一層、重さを実感してしまうことになる。これは了解していただけるだろう。

　この、テークバックからバックスイングにおいて、クラブをもっとも軽く感じとれる位置、すなわち垂直位にもっとこだわることが重要と見て話を続けよう。

　垂直位を越え水平位までスピードをもって近づくほど、クラブを軽く感じとることはできず、より重く感じてしまうことになる。戻す際にも力を要してしまい、「力の抜きどころ」を感じることなど全くできなくなるだろう。

　よほど腕力・筋力があれば別なのだろうが、適度にゆっくりと挙上し、トップはできるだけクラブの重さを軽く感じとれる、シャフトが垂直位から手前で終了させるぐらいが、手にかかる負荷がかなり少なく、「力の抜きどころ」も実感しやすくなる。

　もちろん実際には垂直位で停止せずに、多少通り過ぎるぐらいは全くかまわないだろう。わずかであっても、まずはより軽く感じとれることが、上達するための重要なポイントだと見てよいだろう。

　最初に紹介したハンマー動作での実際のハンマーは、わずか100ｇ足らずだ。しかも単に上下運動だけであって、ハンマーそのものの角度の変化も水平からほぼ垂直程度ま

で、横から見てたった90度 + α に過ぎない。しかし、もっと大きい、例えば垂直位を大きく越えて180度近くの動きをおこなわせた場合、単純な上下運動であっても、同じように軽やかに気持ちよく正確に安定して振れるだろうか？

　より大きな動きは、手関節や肘・肩関節の道具としての本来の許容を超えてしまうのか、それともハンマー程度の重さでもより無駄に多くの力を要するのか、いずれにせよ、安定した正確な動きには大きなマイナスとなる。このもっとも軽くシンプルな動作でも、再現性高く効率よくおこなうには、無用の動きをできるだけ厳密に制限しておくことが、もっとも基本的な約束事となるはずだ。特に手関節（リストコック）の、必要最低限の垂直位を大きく越えた余分な動きは、私にとって、このハンマー動作ですら悪影響となる印象が強い。

　対してゴルフでは、両腕でおこなってはいるが、ハンマーに比べクラブは長く大きく、かつもっと重く扱いづらく、実際には遠心力なるものも強くかかってしまう。ヒトの腕がクラブを振り、身体の回旋運動も複雑に加わって、「力の抜きどころ・入れどころ」までを含め、遠心力・重力も利用しつつ、同様のリズム・タイミングで、できるだけ正確に使いこなすためには、ハンマー動作以上に厳密な動きの制限が不可欠と見ていいだろう。

　特に手関節の極端なコック動作を制限し、垂直位よりさ

らに少ない、せいぜい手の位置が胸や肩の高さ付近まで、シャフトは垂直位より手前（120度〜150度。10時〜11時）を心がけたスイング練習（実際にはもっと大きなスイングになってしまいやすく、12時である垂直位を越えても全くかまわないのだが……）が、もっとも現実的で有効な上級者への近道とみて話を続けよう。

　お断りしておくが、ごくわずかでも、プレーヤー自身が軽く感じとれるかどうかが重要で、厳密な形や細かい角度にこだわる必要は全くないという立場だ。

　さらに私の個人的見解だが、クラブを持つ物理的特性、つまりグリップに対して先端のクラブヘッドがはるかに重いという構造が曲者だ。テークバック開始後、早期の時点でグリップ位置をわずかに低くする（もちろん見た目は上がっているのだが……）ことで、クラブヘッドが自然に上がりやすくなる特性がある。左肩もやや下がりつつ自然に回りやすくなる印象もあり、テークバックで力を込めずにクラブを上げていくためにも、このようなクラブ構造が影響する動かし方・使い方を個人それぞれが調整し活用することも大切だと感じている。

　一般のゴルフレッスンでも、前述のハーフスイング練習がよく勧められる。学ぶ側にしてみれば、正確なフルスイングを早く学びたいところであり、ある程度に打てれば、ハーフスイングを卒業して次のフルスイングに進みたくなるだろう。ハーフスイングはもともと、小手先ではなく身

体（私はアドレスで肩甲骨の内側全体を背骨側に寄せた上
で肩甲骨ごと……と認識している）でクラブを上げるとい
う、テークバックの最初の出だしの部分と、インパクト周
辺での使い方を指導したものだと思う。もっとも基礎的な
指導となっているため、一般にはハーフスイングなる練習
は、単にスイングを小さくしてボールに対して正確にクラ
ブを当てるための初心者向けのメニューと見られていたか
もしれない。

　おそらく教える側も、そこまで強調していなかっただろ
うが、より複雑で難解なゴルフスイングにおいては、この
ハーフスイングの練習こそが、上級者に共通する理想的な
リズム・タイミングを理解し、本質を会得するための手段
だったのだと、今の私は見つめ直しているところだ。ハン
マー動作と共通する「力の抜きどころ」を実感でき、上級
者を目指すための、必要でもっとも簡便な基本練習として
見直すべきであり、理想的かつ重要なエッセンスに満ちた
練習だったのだと、私も最近になって気づいた次第だ。

✑「力の抜きどころ」をつくるための練習法②

　それでもまだまだテークバックでの意識が強過ぎて、力
感が抜けず、オーバースイングとなってしまう場合の対処
法がある。

　これもレッスンプロがよく指導に用いているものだが、

アドレスでボールにクラブをセットした位置から、テークバックなしにフォロースイングだけでボールを勢いよく飛ばそうとするものだ。左サイドに重心が十分にのった大きなフィニッシュが体験できることになる。

　そして、それをしっかり体験すれば、意識をフォロースイングに置けることになり、その後、フォロースイングのイメージを強く残しつつ、テークバックの意識を最小限としてボールを打ってみることが勧められている。より明らかにスイング後半に力感が集中し、重心移動もしっかりできたフィニッシュを意識・体験できることになるはずで、オーバースイング改善の一助となると私は見ている。

⑥ 上級者同士の共通点とは？
リズム・タイミングが同じ

✍シニアと若手におけるスイングの違いと共通点

シニアのトップアマチュアでは、長年の経験を通して、ハーフスイングにわずかの大きさを加えただけのスイングに見えても、無用な動き（特に手関節に注意が必要と私は見ている）を厳密に制限しつつ、それぞれベストのフルショットを正確に安定して力強くおこなう技量をマスターできているのだろう。肩甲骨の柔軟性の低下によってスイングがコンパクトとなり、また動かせるスピードの違いもあって、若手プロと比較して、飛距離に差がそれなりに出てしまうのはやむを得ない。

対して、幼いジュニアではどうだろう？　私が思うに、クラブを振り回すこと自体も困難な非力な幼いジュニア（小学生低学年以下）であれば、初めは重いクラブをなんとか横に左右に振り回すしかない。それでも練習を続けることで、最初はたとえ横振り＋α、そして前述のクラブの持つ物理的特性も活用しつつ上達していく。そのあとは身体の柔軟性もあって、よりオーバースイングとなっても、力の抜きどころから入れどころへといった、ハンマー動作と類似のリズム・タイミングが自然に身につき、次第に弾

みよくボールを打つことができるようになるのだろう。さらに身体が成長・充実して、体力・腕力がついていけば（小学校高学年程度）、理想的なリズム・タイミングを保ちつつ、柔軟性を維持しつつ、スイングは次第に力強く大きくなっていく。

　その後も学生ゴルファー（中学生・高校生）として、肩甲骨および周辺筋中心の大きな動きが可能で、見た目にも大きな、そして力強いスイングが可能となる。

　一部は20代前半までに若手プロとなって、リズム・タイミングをそのまま維持したまま、厳密な正確さを求めて無駄な動きが抑えられていくのだろうが、肩甲骨の可動域がより大きい分だけ余分に動かせるために、水平位（270度＋a。3時過ぎ）ぐらいまでの、見た目からもシニア上級者と比較して明らかに大きなスイングが可能となっているのだろう。

　しかし、シニア上級者と、ジュニアからゴルフを始めた若手プロの両者では、たとえスイングの見かけの大きさにかなりの違いはあっても、トップレベル同士ならではの、「力の抜きどころから入れどころへの流れ」といった意味でのリズム・タイミングはほぼ同じで、肩甲骨他の柔軟性の差が大きく表れて見えているだけだ、と私は思っている。見渡せば、肩甲骨の柔軟性が高いはずの若手でも、水平よりもかなり浅い若手プロも見受けられる。

われわれアマチュアが目指すべきスイングとは？

　対してわれわれ一般男性アマチュアでは、クラブ程度の重さのものならば十分に振り回せるだけの体力・筋力はあるため、お気に入りの若手有名プロの見た目にも美しい、大きくダイナミックで滑らかなスイングを最初から真似ようとしてしまう。

　確かに教える方も、自身のスイングを見本に指導しているのだろう。まずは形から入ることもあり、最初から理想的な大きなトップの位置を指導しているはずだ。教えられる側も、大きな理想的なトップの位置を忠実に正確に守ろうとしてしまう。薪割りやハンマー動作にたとえれば、最初から制御不能なほどに大きな動きをさせてしまい、持てる体力・筋力を目一杯使って、「力の抜きどころ」なくテークバックからバックスイングが大きくおこなわれ、さらに力を込めて大上段から思いきり振り下ろすスイングとなりがちだ。結果は、リズム・タイミングといった核心の部分がデタラメとなり、当然スイング後半の「力の入れどころ」も上手く発揮することなどできなくなる。

　一般アマチュア、特に柔軟性の相当低下したわれわれ中高年世代では、まずは上級者に共通するリズム・タイミン

グを目指すべきであり、ジュニア世代や若手プロの、見た目にも大きくダイナミックなスイングを目指すべきではない。

シニア上級者に共通するコンパクト、あるいはハーフスイングを目指すには、まずは手先や腕の脱力を心がけて、力の抜きどころを守り、手先ではなく積極的に身体（私は肩甲骨と見ている）でテークバックを開始し、ハンマー動作と類似のリズム・タイミングを守り、トップそしてさらにダウンスイング途中までをスイング前半の「力の抜きどころ」とすることだ。これでようやく、上級者に共通するリズム・タイミングの修得への近道となるのではないだろうか？

脇にタオル等を挟んでスイングすることもよく勧められるが、これも腕・手先の無駄な動きを制限して、コンパクトなスイングを目指し、理想的なリズム・タイミングを獲得するためのものだったのだろう。場合によってはテークバックのないスイングを試してみることもすでにお話しした。体格・体形、腕力・筋力に関係なく、そしてスイングの大きさや力強さにこだわるよりも、あくまで後半に力感が集中するリズム・タイミングが重要なのだ。

繰り返すが、見た目のグリップの動きや位置などは、あくまで下半身、肩や肘に加えて身体全体の動きが合算された結果だ。

　体幹等の柔軟性も含めて、個人差は相当大きい。グリップの位置やクラブスイングの軌道についても、プロやトップアマチュアのレベルともなれば、限りなく正確性を要求されることから、各部位の厳密なチェックや微調整がさまざまに必要だろう。

　しかし一般アマチュアゴルファーでは、守るべきは上級者に通じる後半に力感が集中したリズム・タイミングであり、動きの中身・本質にこだわるべきなのだ。まずはスイング前半での「力の抜きどころ」から「入れどころ」へといった、関わっている力の中身を真似ることが先決で、よほど極端で変則でない限りは、見た目のスイング軌道については、まだまだ大雑把でよいのではないだろうか？

　もちろん、見た目の動きを一切無視しろ、などと言っているわけではない。見た目の動きよりも、もっと重要なものがあるはずだ、ということなのだ。

⑧ 力の抜きどころをふまえたスイングが上達を早める

ここまでこだわってきた「力の抜きどころ」だが、実はさまざま表現となってすでに現場に登場している。

まずは、「上げて下ろすだけ」という指導だ。ダウンスイング途中までは、特に手先やグリップには意識して力を込めたり、何か特別な動作を改めて余分におこなう必要は全くないという意味だろう。例えば、重力に逆らわず逆に大いに利用するといったものも含めて、「力の抜きどころ」という言葉をそのまま言い換えた表現と思っていい。

また、「ゆっくり振った方がよく飛ぶ」という、初心者にとってはまるで禅問答のごとき、一見疑問としか受け取れない教えも、「ダウンスイング途中までは、手先などの動きを急かすような余計で無用な仕事をさせない方が好ましい」という意味だ。

ハンマー動作や和太鼓と類似のリズム・タイミングをできるだけ忠実に守ることで、スイング後半に力感が集中しつつ再現性の精度も次第に高くなり、クラブヘッドもよく走ることが実感できるようになる。最初は物足りなさをかなり感じてしまうだろうが、いずれは、たとえハーフスイングのつもりでも、90%近く、時にはほとんどフルショッ

トに近い飛距離も得られることになるはずだ。

　私もそうだったのだが、力任せに振り回した結果との比較からも、いかに力むことが無駄・無意味だったのかを心の底から実感する経験を積むことが大切なのだろう。こればかりは、それぞれ個人が勇気を出して殻を破り、ハンマー動作や和太鼓を見本にハーフスイングを学んで、体験して、納得して、会得していただくしかない。

　対して、すでに若くして無駄のない理想的なリズム・タイミングを身につけることができた者にとっては、逆にこの大きな無駄の存在を心の底から実感すること自体が難しいのかもしれない。

　また、われわれアマチュアでも、よく「タメ」をつくることを求めてしまう。しかし私は「タメ」というものは積極的につくるものではなく、クラブの重さ・位置エネルギーも活用し、できるだけ「力の抜きどころ」を守るからこそ、結果的に自然につくられるものだと見ている。

　この第１部の最初に、ヒトを構成する筋はほとんどが二関節筋であり、肘の積極的な動きに伴って手首の動きも自然に生じてしまうことも紹介してきた。少なくともわれわれアマチュアでは「たまるのを待つ」とか「つくられるのを待つ」といった受身的な表現がありだと思う。ダウンスイングにおいても、肘を伸ばす動きを含めて、あえて腕や手が何もしない、何もさせない、できるだけ脱力した時間

帯をつくりだすことで、下半身や体幹が戻りだしても、肘を伸ばすタイミングや手首（コック）の戻りが遅れ気味になる結果、見た目の「タメ」がつくられているものと考える。

　さらに、私自身がそうなのだが、トップの位置ではどうしても左肘も曲がってしまう。これはすでに肩甲骨の動きが年齢相応に低下しているためで、その後のダウンスイングで左肘を伸ばそうとすれば、右肘も伸ばしてしまい、同時に右の手首も否応なしに返ってしまう。そこで私は、左肘をあえて積極的に伸ばそうとはせず、弾みよく振る程度で、多少は曲がったままのつもりでインパクトを迎えるぐらいが、「タメ」も保たれつつ、より後半に力感の集中するリズム・タイミングとなる印象だが、ここではあくまで個人的な見解としておこう。この点については後半の第3部でも紹介する。

✒ ゆるゆるグリップと各部との関係

　クラブをスイング中に軽く感じられることができれば、グリップは強く握り締める必要がなくなって、ハンマー動作と同様に自然と「ゆるゆる」になるはずだ。

　さらなる利点を挙げれば、スイング中、意識がクラブやグリップだけに集中することもなくなる。また、よく指導されているさまざまなチェックポイント、例えばクラブの

位置やフェース面の向きを正確に感じとりつつスイングすることや、微妙な脇の締め具合、前傾姿勢をキープしておくこと、下半身のどこに荷重を感じているのか、踵やつま先の厳密にどこの部分に？　とか、頭の位置や重心位置、スイング軸の安定性、さらに膝のスウェーの動きにも、そしてトップでの切り返しからや下半身の先行移動を含めた使い方や踏ん張り方、その他多くのよくおこなわれているさまざまな指導についても、繊細に感じとれて、実行しやすくなるはずで、この先の私の話も理解していただきやすいはずだ。

　確かに、どれもこれも同時に実行できるはずはないのだが、各部にその都度十分に注意を払うことができ、指導者のさまざまな教えも体験・会得しやすく、上達にかなりの好影響が期待できるだろう。

　がむしゃらに、アドレスの最初からフィニッシュの最後まで目一杯力任せにクラブを振り回そうとしている限りは、各部への気配りなどできるはずもない。上達に拍車をかけてくれる可能性の高さも、この「力の抜きどころ」の持つ最大の長所となると見ていいだろう。

　ハーフスイング練習は、スイング前半の「力の抜きどころ」を会得させ、ハンマー動作と類似の個人それぞれのリズム・タイミングを習得しやすくなる。ひとたび習得できれば、その後はもはやハーフスイングに固執し続ける必要

はなく、各個人の柔軟性、特に肩甲骨および周辺筋に合わせたスイングの大きさに、また筋力に合わせたパワフルさに、それぞれ個人に相応したフルスイングとなってくれるのだろう。調子が悪くなれば、もちろん基本に戻って再確認する必要はある。きっとアプローチにおける微妙な距離感の習得にもつながっていくはずだ。

⑨ 「力の抜きどころ」のまとめ

　繰り返すが、成人以降からゴルフを始めた場合は、なまじクラブを振り回せるだけの十分な体力・筋力を持っているがために、最初から自分が目指したい若手プロと同様の理想的なトップの高さやスイングの大きさを目指してしまう。クラブをがむしゃらに強引に振り回してもスイングできてしまう結果、「力の抜きどころ」など見えることなく、容易に迷路へとはまり込んでしまうものと私には思える。

　迷路脱出の糸口は、スイング前半に「力の抜きどころ」を積極的につくろうとしない限り、容易には見つからないばずだと強く感じている。もちろん何のつまずきもなく身につけることのできた恵まれた方も世間にはおられるし、すでに会得できている上級者たちにとっては逆に当り前すぎた今更の話なのだろうが……。

　対して幼いジュニア世代は形から入らず、リズム・タイミングを重視して学んでいかざるを得ない環境にあるのだろう。結果的に「力の抜きどころ」を習得しやすく、回り道や迷路に入り込みにくいと考えられる。

　成人からゴルフを始めたわれわれアマチュアゴルファーが、上級者の中身や本質を真似ることがどれほど難しいことなのかと、改めて私自身も再認識させられることとなっ

た。もちろんアドレス・スタンス、前傾姿勢のキープやグリップの形などの、動きを開始する以前の点については、可能な限りは真似ておくべきだろう。

　私個人の経験だが、勢いのついたオーバースイングのままでは、クラブは常に重く感じられ、やむなく力まざるを得ず、「力の抜きどころ」など、感じようもつくりようもない。力任せにがむしゃらに振り回し続けても、たまに結果オーライが続くこともあるのだが、安定性はなく、堂々巡りを繰り返し、上級者への道を自ら閉ざしていたのだとようやく気づき反省していたのが、数年前の私だ。多くの皆さんも同様ではないか？　見た目を真似ることは確かに重要だが、ここまで述べてきたように、単に動きの軌跡にこだわるだけでは不十分で、「力の抜きどころ」を守り、動きの核心を真に真似ることが重要だったのだと言っていいだろう。

　今でも容易に力んでしまいがちで、まだまだ途中経過なのだが、スイング中に力を込めるのは、せいぜいダウンスイング後半だけだ。しかも私が思うに、前述したように、ダウンスイングではあえて肘関節を積極的に伸ばしきらない程度が、再現性の高さはもちろんだが、スイング前半の力の抜きどころを実践することでプレー後の疲労感や筋肉痛といったものも以前に比べて格段に減った印象がある。それだけ無駄に力んでスイングしていたのだろう。

　このハンマー動作が示してくれたリズム・タイミングの

存在を知ったあとには、整形外科医としての立場からも、スイング前半の「力の抜きどころ」を実践することが、身体への負荷も少なく、われわれアマチュア、特にシニア世代が目指すべきスイングだと考えている。皆さんにも、是非とも実践されることをお勧めしておこう。

　この第1部では、オーバースイングになりがちなわれわれ一般男性の平均的なアマチュアゴルファーを念頭に、上級者のどこを最優先して真似るべきなのか？　にこだわり、ヒトの腕におけるもっとも単純な動きであるハンマー動作を取り上げて、ゴルフスイングにおける「力の抜きどころ」をテーマに持論を展開させていただいた。

　ただ、ここまでは肩甲骨に関わる内容でもなく全く学問的なものでもない。読者の皆さんの中には、主題の「天使の翼（肩甲骨）」といかなる関連性があるのか？　本書の「はじめに」の部分で記した長嶋監督との関連性は？　を求められる方もおられるだろう。もちろん、第1部「力の抜きどころ」は、「天使の翼（肩甲骨）」そして「長嶋監督」へとつなげて展開していくための布石でもあり、それらについてこれから少しずつ述べていこう。

　ただし、ここから先の私の話をご理解いただくには、多少なりとも、身体の基本構造なるものを知っておいていただく必要がある。そのためここで、ゴルフスイングの話は小休止とし、この先、もっとも重要な「天使の翼（肩甲

骨）」を十分に理解していただくために、必要な、肩関節の基礎知識について説明していこう。多少は小難しい話になってしまうのだが、私がこういった身体のつくりからのスポーツの上手さ・強さといったテーマに深く関わることになったエピソードもまじえて話を進めよう。この本のメインテーマはあくまで「天使の翼（肩甲骨）」だ。面倒な方は飛ばして読んでもらって構いません。

第 2 部

肩関節編
スイングに必要な解剖学的知識

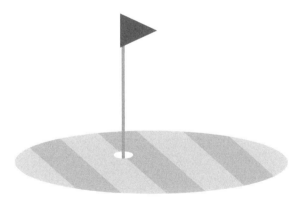

誰もが常日頃から、何の不自由もなく自身の腕や手指を何とでもどこにでも使いこなせているのだが、それは肩という関節が、前にも横にも上にも、そして多少は回しにくいが背中や後ろ方面といったどの方向にも、腕の長さが届く限りにおいては、思うように三次元的に自由自在に動かせるからだ。

　この肩という部位は、確かにヒトにおいて最大の自由度と可動域を有するのだが、さらに他の関節にはない極めて特殊な構造をしている。まずは、この点から紹介させていただこう。本書の題名にもあるように、主題は「肩甲骨（天使の翼）」であることをもう一度お断りしておく。

肩は2つの関節で構成されている

✐肩関節の構造

　実は肩関節は単純な一つの関節ではない。三次元の大きな動きが可能な二つの関節で主に構成されている。

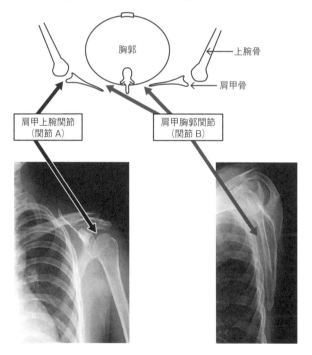

図2-1　肩甲上腕関節（関節A）と肩甲胸郭関節（関節B）

一つは狭義の肩で、腕の骨が肩甲骨の受け皿にはまり込んで、ヒトの身体の中でもっとも大きな動きを有しており「肩甲上腕関節」という（図2-1）。この関節は、腕をどの方向にも自由自在に動かせる非常に器用で便利な関節で、誰もが「肩」といえばこの関節を思い浮かべるし、転倒やタックル、格闘技等で肩を脱臼するのもほとんどこの関節だ。本書では「関節A」と呼ぶことにしよう。

　もう一つの関節とは、背骨や肋骨に対する「肩甲骨の動き」そのものだ。この部位の動きを担う筋肉だが、頭部や首、胸・背中の肋や背骨、さらに骨盤といった広範囲から起始し、肩甲骨・腕まで走行する、厚みも幅もある複数の大きな筋群が働いている（図2-2）。お相撲さんならすごく筋肉が盛り上がっている部位も含めて、正式には「肩甲胸郭関節」という。ここは筋肉だけで連結している特殊な関節で、単に骨同士が向かい合った関節ではない。本書では便宜上、「関節B」と呼び、この肩甲骨の動きの重要性を「天使の翼」とも表現して話を進めよう。

✍ 関節Bの特殊構造

　関節Bはもともと筋肉だけで構成されていて、通常の関節と異なり、関節軟骨もない、靭帯もない、関節部分を取り囲む関節包もなければ、もちろん関節液も分泌されない。あるのは唯一筋肉だけ、という極めて特殊な関節だ。した

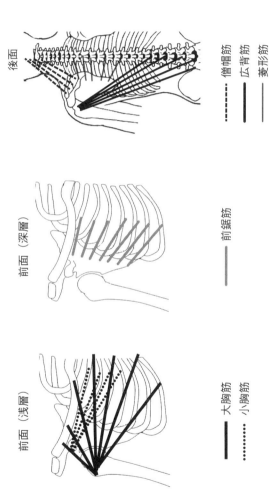

前面（浅層）　　　前面（深層）　　　後面

大胸筋　　　　　前鋸筋　　　　　╌╌ 僧帽筋
小胸筋　　　　　　　　　　　　　── 広背筋
　　　　　　　　　　　　　　　　── 菱形筋

図2-2　肩甲胸郭関節を構成する筋群（関節B）

がって、整形外科医が治療の対象とする、関節内の骨折・脱臼・関節炎、その他種々の対象疾患が一切なく、あるのは筋肉に関するものだけだということになる（もちろん肩甲骨や肋骨の骨折はある）。そのために、整形外科の日常診療では重要視されなかったと言っていいだろう。

　例えば、関節Bに関わる肩甲骨骨折の場合、骨折部はもちろん痛くて腕の動きに最初は強く影響しているものの、関節A単独での腕の動きによってもある程度以上は活動が可能なため、約2週間前後で日常生活レベルではほとんど困らない程度までは改善してくれる場合が多い。治療する側にとっては、わずかな期間のうちに自然に治ってしまい、整形外科医がもっとも得意とする外科的治療の現場に登場する機会がほとんどないのが現状だ。

　神経についても、関節Bを動かす筋肉への運動神経と痛みを感じる神経はあるものの、肩甲骨の動きを明確に認識するための神経（関節位置覚）は存在しないため、本人自身がこの部分の動きを正確には自覚できないという非常にやっかいな部位だ。

　つまり、いくら手や腕を大きく振り回して使っていたとしても、本人には肩甲骨が動いている、動かしていること自体が全く認識できずに、本人にとって肩の動きはそのまま関節A単独あるいは背骨の動きとして捉えることになる。

　例えば、目をつぶっても膝や肘ならどの程度曲がっているとか動いているとか、手指ならどの指がどの程度曲がっ

て握っているなどと認識できるが、肩甲骨は背骨から何セ
ンチ動いた、離れたとか、何度傾いたとか全く自覚も意識
もできないのだ。また、背中にあって肩甲骨の動きが本人
自身には見えないこともあり、肩甲骨の動きそのものを意
識することは通常の生活ではないだろう。もちろんスポー
ツ動作時においても同様、この部位の動きを強く感じとる
ことはまずないはずだ。

✐関節Bの加齢による可動域低下と病態

　また、子供ではもともとこの肩甲骨の動きそのものであ
る関節Bの柔軟性は非常に大きい。実は、産まれる時はど
の子供も肩甲骨が鳥の羽のように折りたたまれ、頭の大き
さより肩回りが小さくなって産まれてくるのだ。出産を経
験した女性なら多くの方が知っているだろうが、難産かど
うかは、実は頭の大きさで決まり、肩幅で決まるものでは
ない。

　子供時代は、幼いほど、手の大きな動きが肩甲骨ごと使
われ、何度も寝返りを勢いよく繰り返せるのもそのためだ。
その後成長とともに、次第に動かせる大きさやスムーズさ
が徐々に低下していくことになる。もちろん子供たち自身
でさえ、どんなに大きく動かして使っていても、自覚は全
くないはずだ。

　よく四十肩・五十肩が話題になるが、これも以下の流れ

で理解できるだろう。

　ヒトの肩は主に関節ＡとＢ、これら二つの関節の組み合わせで使われているのだが、この組み合わせの割合が徐々に崩れていくことで、四十肩・五十肩といった病態を招いてしまうと考えられる。子供時代は関節Ｂの大きな動きが可能だが、成人以降は徐々にであっても明らかに低下していくため、その結果、手や腕に同じ動作をさせたつもりでも、加齢とともに次第にＡの負担が増えていく。Ａは、もともとは十分に余裕があったのだが、成長期以降、この部位も少しずつ可動域が低下し、かつＢの落ちた分の負担も増えてしまうことから、四十代以降のどこかで悲鳴をあげてしまうことになる。

　これが、もっとも単純な四十肩・五十肩の発症理由となると考えていいだろう。もちろん中高年からではなく、幼児期ないし少年少女の時点でもすでに徐々に確実に関節Ｂの可動域低下は進行しているのだが……。

　肩こりなるものも、加齢とともに肩甲骨の動きが低下していくことが背景にあり、この部位も常に動かされて使われることが肩こり予防に好ましい。巷に紹介されているいろいろな肩こり体操なるものも、肩甲骨の動きを努めて改善させることを意識したものとなっている。

✐ 関節Bとスポーツ・成長

　肩甲骨の可動域の大きさが保たれつつ成長していくべき
ことが理想的で好ましいのだが、私が思うに、それには幼
小児期から日々、棒を持って腕を振り回すような、あるい
は何かにぶら下がるような活発な外遊びをおこなう環境が
重要だ。成長期においても、丁寧な肩周りの柔軟性の維持
が重要で、やらなければ確実に落ちていくことになる。あ
とからは大きな改善は難しい。

　始める年齢の影響が大きい野球やゴルフでは、日々、柔
軟性の保持向上に努めること自体が、そのままスポーツパ
フォーマンス向上につながるとともに障害予防にもなると
見ていいだろう。時間をかけて地道に丁寧にやることが大
切で、いずれはご褒美として返ってくると信じて、根気よ
く継続して、優しく繰り返しおこなっていくべきだろう。

　最近ではエンゼルスの二刀流、大谷翔平選手の肩甲骨の
柔軟性の大きさが一時話題になっていたが、カープからド
ジャース、そしてミネソタ・ツインズへ移籍した前田健太
投手のマエケン体操も、この部位を意識したパフォーマン
スだ。肩甲骨を意識して最大限にストレッチさせていると
考えていい。

　もし、この部位の筋力を高めたいがために、ひたすらマ
シンで鍛えたとしても、結果、筋肉が厚くなって硬くなり、

逆に可動域が落ちて伸展が不十分になってしまったり、腕が太く厚くなれば本来のスムーズな動きの邪魔となり、期待に反してパフォーマンスが低下してしまう不安もあり、スポーツ種目や鍛える部位、やり方によっては、過去には筋トレ自体が有効ではないとされていたかもしれない。肩甲骨周りを含めて柔軟性の維持向上に努めたうえでおこなうべきであり、最近よく耳にする「体幹」といった部位の中核をなす部分でもあるため、現在はこの部位の筋トレがよく勧められているのも当然なのだろう。

　か細く見えても、学生ゴルファーの飛距離が一般アマチュアとは比較にならないこともよく知られた事実だが、この部位の筋力の発達に加え、幼い時期の可動性の大きさや胸郭の周囲を回る肩甲骨の動きの滑らかさや動かせる速さがそのまま保たれた結果、スイングスピードやミート率の高さにつながっているものと私は考えている。

　この関節Bを構成する筋群は、頭・背骨・肋骨さらに骨盤から広範囲に起始しており、肩甲骨まで幅や厚みの極めて大きな複数の筋群によって構成されている。ヒトの身体から、肩甲骨の動きに関わる筋群をすべて取り除けば、残りはほぼ肩幅の全くない背骨と肋骨だけの、あたかも人形のコケシのようなスタイルとなり、手や腕の土台として、これら大きな筋群により発揮される力強さも当然のことながら非常に大きいものとわかる。それがどれぐらい大きな

ものなのかを知るには、話が非常に大きくなってしまうの
だが、地球上での生命の誕生と進化という立場からも推し
量れる。

② 進化の立場から見た肩甲骨周辺筋の力強さ

　地球上の生命の起源が海の中で生まれたのは、皆さんご存じだろう。さまざまな過程を経て、魚類となって水中での進化を遂げ、さらに水中から地上へと活動範囲を広げるためには、重力に抗した骨格構造を獲得する必要があった。その後も何億年もかけながら、両生類から爬虫類、さらに哺乳類へと進化してきた。

　地球上で現在もっとも繁栄しているわれわれ人類も、元はモグラやネズミのような原始哺乳動物から、樹上生活でのサル類を経て、ようやく直立二本足歩行を獲得してきたのであり、ヒトが得られたこの筋骨格構造も、すべては地球の重力との闘いの成果だと見つめ直すこともできる。

✑哺乳動物における関節Ｂの力強さ

　ヒトとは別の進化の道をたどった四足哺乳動物では、体幹と前肢・肩を連結していた鎖骨は原則、退化して消失し、筋肉（関節Ｂ）だけで肩甲骨ごと使いつつ地上を自在に走り回れるように特化していった。

　後肢・股関節は体幹の最後部の端に位置し、身体全体を支えるというよりも、駆動するためのものである。それに

対し、身体のほぼ中央近くに位置して、常時、身体の重さを支え続けているのは、前肢の土台である肩甲骨と体幹との間を連結する筋群、すなわち関節Bの筋群であり、このような形で進化した前肢だからこそ、地上を走り回り続け、あるいは水中でも泳ぎ回ることを可能とした（図2-3）。

　ネコが高い塀や屋根から飛び降りて平気なのも、この部位の持つ本来の力強さを示してくれている。鳥類も、関節Bを力源に肩甲骨ごと翼で空を飛んでおり、この点からも前肢の土台である肩甲骨周辺筋の持つ機能的重要性は極めて高いことがわかる。

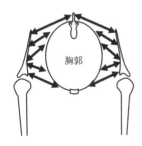
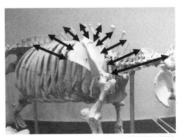

カバの骨格標本（王子動物園所蔵）

◀━━▶　肩甲胸郭関節（関節B）の筋群

図2-3　四足哺乳動物の前脚

　ヒトでは、樹上生活のサル類から進化し、その後に直立二本足歩行が可能となり、上肢は身体の重量を支持すると

いうロコモーション機能＊1から解放された。脳の発達とともに器用に進化した手指を広い範囲で使えるように、肩甲骨の可動域を背中・背骨方向へ拡大させて、関節Bに関わる筋も背筋として働けるように進化していった（鎖骨に関しては、外見から容易に確認できる骨であり、われわれ整形外科医にとってもしばしば手術の対象となる骨だが、本来の役割は、進化した手指を目的の部位に正確な位置や距離感で使いこなす、たとえればコンパスの役割であり、力強さにはほとんど関与しないものとして扱っていいだろうと私は見ている）。

　確かに、ヒトの上肢は四足動物の身体の重量支持機能から解放されはしたが、土台の肩甲骨の動きを担う筋群では、身体の重さを支える能力もまだ残されており、非常に強力であることは言うまでもない。近年ではオリンピック種目にスポーツクライミング（ボルダリング）といった競技も加えられ、体操競技とともにこの部位の機能の大きさが容易に推し量れるだろう。

＊1　ロコモーション機能：身体の位置を移動する機能。ここでは身体の重さを支持し、移動する機能。

スポーツにおける関節Bの抱える問題点

✒️ 関節Bを使いこなすことの難しさ

　各種スポーツの上級者では、必ずと言っていいほど、この部位を上手く最大限に生かして使っているはずだ。しかし前項で述べてきたように、この関節Bには、動きを正確に自覚・認識するための神経が存在しない。したがって、スポーツの現場で、教える側がいくらこの部位を正しく使っていても、誰もここを共通の感覚で捉えることができておらず、また肩甲骨の動きや周辺筋の作用も自覚できていないため、正確にこの部位を指導して伝えることができない。

　多くの場合はせいぜい、より認識しやすい隣接する関節Aや腕・手先、あるいは背骨の動きや機能としか伝えられないということになる。上達を求めて指導を請うて習おうとする側も、意識の及ばぬ部位だけに、正しく理解して受け止めることができるはずもなく、両者の間は感覚的な言葉による、まるで禅問答さながらの厄介なやりとりになってしまうことになる。

　日頃の練習においても、感覚のより明確な部位に頼るしかなく、通常は単に見かけの動きと手先の感覚、さらには

「こういうふうに」などに代表される不正確な指示語を用いたり、擬態語や擬音語を使ってしまうことになるのだが、もっとも力強い関節Bの中身を伴わずに真似ようとしたところで、上級者と同じ結果が得られることはまずない。

　また、明確な意識が及ばないことから、本人がいくら使っていても、使っていることすら自覚できないし、使っているのか使っていないのかどうかも、本人自身ですら全くわからないという非常にやっかいなことになる。したがって、どんなスポーツにおいても、たとえトッププロであっても、この部位の動きや使い方を自覚・認識できることは決してなく、まして一般人では、この部位の動きを意識したり考慮するなど有り得なかったと言っていいだろう。

　そして、いわゆるメンタル面といったものにも大きな影響力・関連性を持つことにもなる。いつ何時においても、いかに正確に、理想的に、その人なりに、この意識の及ばぬ部位を使いこなせるかが、そのままメンタルに直結しているということだ。もっとも理想的なパフォーマンスを求める際に、深呼吸をおこなうことがよく勧められるが、深呼吸によって、同時に関節Bの筋群の緊張緩和が可能となり、緊張した現場では適切な動作であることも理解できるだろう。

　肩甲骨は背中にあり、日頃はその動きや存在自体を認識することが難しいのだが、私は起床時に自覚しやすいものと感じている。仰向けで行儀よく寝ている方もおられるだろうが、私の場合はたいてい、横向きで目覚める。両腕ともに脇を閉じて固めたかの状況となっており、両側の肩甲骨が最前方のほぼ限界に位置していることになる。目が覚め、上に位置している側の腕を肩甲骨ごと後側へ回してみると、五十肩等で後ろに回せない場合以外、その人なりの肩甲骨のほぼ最大の可動域の大きさを自覚しやすいはずだ。皆さんもその大きな動きを是非確認していただきたい。

✐グリップと肩甲骨には強い関連性がある

　第1部で述べてきた「力の抜きどころ」だが、実は肩甲骨とも大きな相関があることをここで補足しておこう。

　前項で述べてきたように、肩甲骨は鎖骨を介して骨性には一点でのみ胸郭・体幹と連結している。しかし、それ以外はすべて筋繊維だけで広範囲に連結（関節B）しており、いわば筋肉に埋もれた環境にあるといってよいだろう。本来、筋というものはわずかな刺激で容易に縮んで働いてしまうものであり、手先・指先に強い力を発揮させることで、いくら肩甲骨が手先とは数十センチ以上も離れていようとも、土台であるこの部の筋繊維までも同時に強く収縮させてしまうことになる。

極端な例を挙げれば、学生時代の握力計測がわかりやすいだろう。握力を計測する際、皆さんは笑顔でリラックスしてニコニコして測っていただろうか？　誰もが歯を食いしばり、首すじにも強い力が入り、青すじも立て、必死の形相となって、脇も固めて、肘・手首までもしっかり固定し、握力計を握って計測していたはずだ。

　つまり、身体の中心から見て、手足の先端に強い力を発揮させる際には、身体の中心の土台まで含めて、途中に存在するすべての全構成成分にわたり、隅から隅まで収縮して固めてしまうことになる。

　すなわち、上肢の土台である肩甲骨の動きを理想的に大きくおこなわせたいのなら、肩甲骨周辺筋（関節B）をしっかりリラックスさせておく必要があるわけだ。そのためには、いくら肩甲骨から相当以上に離れた手先であっても、十分に緩めておくことが必要だ。たとえ手先であっても、無用に力むことはそのまま肩甲骨周辺筋も緊張させ、理想的な肩甲骨の動きを損ねてしまうことになる。

　これが、第1部では明言してはいなかったものの、たとえ肩甲骨から相当離れていようとも、肘や腕はもちろん、ゆるゆるグリップも含めて、肩甲骨の動きにとっては力の抜きどころを守っておくことが重要となる理由。一般的にも、力みを改善させる目的で「肩の力を抜いて……」という言葉がよく使われるのも当然だったということになる。

　これはさほど難しい理屈でもないはずだ。また逆に、肩

甲骨の動きも含めて各部の理想的な動きを損なわない限り
は、いくらでも強く握ってもかまわないということにもな
る。

4 私が肩甲骨に関わることになった理由

✍ 赤ん坊における肩甲骨の動きの大きさ

　私が肩甲骨（関節B）に最初に注目したのは、研修医の頃だ。股関節脱臼の赤ん坊が入院となり、数週間にわたって持続的に両脚を牽引し、その後整復を試みて治療が進められていった。その間、赤ん坊は清拭や着替え以外では骨盤ごとベッドに固定されており、両脚は引っ張られ自由が利かない。赤ん坊が自由に動かせるのは両肩から先だけだ。寝ている時は、赤ん坊の肩甲骨は背中で大人と同じようにベッドに面しているが、目が覚めて赤ん坊が両腕を上方向に差し伸ばすと、なんと、左右の肩甲骨がベッドに対してきっちり垂直に立つぐらいの大きな動きが容易に観察されたのだ（図2-4）。

　つまり、この赤ん坊の両腕の動きはほぼ100％近くが関節B、すなわち肩甲骨の動きのみに由来しており、関節Aはほとんど使われていないということだ。それを理解した時、私はヒトの腕のつくりからの本来の使い方とは、四足哺乳動物とまさに同じであることを確信したと言っていい。

　もちろん股関節脱臼で入院しているのであるから、この話は治療には全く関係ないため、医者同士でも話題になる

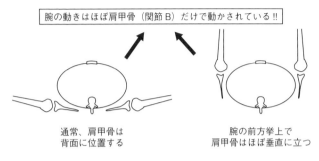

図2-4　乳幼児の肩甲骨の大きな動き

こともなく、最初は私も、「赤ん坊の身体ってこんなに柔らかいんだ……」程度にしか思っていなかった。また、お産の時には、難産かどうかは肩ではなく頭の大きさで決まり、出産までは赤ん坊は肺呼吸をしていないため、肺は膨らんでおらず、胸郭は小さくすぼんだままであり、両肩はチョウチョウの羽のように折りたたまれて頭より小さくなって産まれてくることを思い出した程度だったのだが……。

肩甲骨が無視されてきた理由とは？

　その後、ようやく整形外科医として人並みに仕事ができるようになった頃に、投球動作等に関する論文を読む機会があったのだが、当時はほぼすべての文献で、肩甲骨の動きや機能が全く考慮されておらず、成人ではもちろんこ

と、幼い子供たちが持つ大きな肩甲骨の動きでさえも全く
ないもの、つまり、すべてのスポーツ動作が関節A単独で
おこなわれているかのごとく、語られていた。私には全く
意味が理解できなかったが、臨床経験を通して、整形外科
の立場ではそれが極めて一般的であることも改めて知った。

　私が思うに、この部位は疾患が少なく、ケガがあっても
経過観察のみで問題なく治りやすい　→　積極的な治療が
不要　→　存在を考慮する必要がない　→　無視してよい、
という扱いで、臨床の表舞台に出てくることはほとんどな
かったのだろう。

　もともと、この部位は身体の重さを支えることが可能な
ほど、機能的に力強い。ケガなどにより障害が残って機能
が多少低下しても、肩や腕の重さを上げたり支えたりする
程度の日常生活ではさほど困らない。したがって当時、大
多数の整形外科医、特に肩の専門家であっても、治療上は
この部位を重要視しなかったのは一応、理解はできる。

　また、関節AとBの三次元の動きを持つ二つの関節を考
慮して評価・解析することは非常に困難だ。さらに、関節
Bは胸郭の周りをすべりつつ回りながら移動しており、呼
吸による胸郭自体の動きもあり、運動の中心軸が容易に移
動してしまって設定困難なことから、正確な解析が難しい。
それに加え、加齢による可動域低下や個人差も大きく、し
かも外見上からの動きも明らかでなく、誰もが動きを自覚
しづらいこともあり、いっそのこと関節Bを無視してよい、

という風潮になってしまっていたのかもしれない。

✑ 肩甲骨に対する私のこだわり

　当時まだ若かった私は、身体のつくりから理にかなった真の使い方を知るためには、この大きな機能を持つ肩甲骨周辺筋を決して無視してはならないという使命感に燃えてしまい、そこから、肩甲骨とその周辺筋の重要性について、日常臨床とは別に、独自にライフワークとして研究をおこなうことになった。

　X線CTはもちろん、肩甲骨にワイヤーを打ち込んで、当時の最新コンピューターを用いた動作解析、ついには京都大学霊長類研究所に申請してアカゲザルの肩甲骨の動作解析まで、その他肩甲骨周辺筋機能の重要性を周りの整形外科医にアピールするためにやれることは努めてやった。

　その後、肩甲骨の動きの大きさについて、年齢差を強調できるという理由から、スポーツを題材に、特に一般向けに幅広い年齢層でおこなえるゴルフスイングを中心に、ヒト進化という立場からの考察を加えて「身体のつくりから見て理にかなった使い方」をテーマにして前著を出版したのが19年前だ。

　当時もまだまだ整形外科においても肩甲骨の動きや周辺筋の機能がさほど重要とは認識されていなかったため、一般向きに、特にスポーツ動作でのこの部位の機能がいかに

重要で大きいかというハード面とともに、なぜ治療医学では重要視されないのかを強調したものだった。

　まもなく世間の健康志向もあり、肩甲骨の存在は一般人にもメジャーな立ち位置になったと見られ、それに合わせて、その後は整形外科の領域でも、「投球動作は全身運動であり、もちろん関節Bも重要」程度の扱いにはなった。ようやく、私の使命の三分の一程度は果たされたようだが、それ以上は深く論じられるようになったわけでもない。私にすれば、特に目新しい変化もほぼないと言ってもいいぐらいだ。一般的にも「体幹」、そしてバランスといった、極めて曖昧な大雑把な表現で扱われているに過ぎない。

　ここからは、関節Bについてさらに深く立ち入り、この部位のスポーツ動作におけるソフト面について、私なりに積み重ねてきたものを紹介していこう。

※ここから先は、より専門的な内容となります。難しいと
　感じる方は飛ばして読んでいただいて構いません。

5　肩関節には力強くかつ傷めにくい 使い方がある！　その1

✍ 理想的な肩関節の使い方とは？

　ヒトの身体においては、どの関節であっても、ギリギリに大きく限界で、同時に力強く使い続けることは、そのまま障害を招くことになる。私が思う障害予防のための各関節の安全な使い方の大原則は、常に可動域に余裕を持ち、ギリギリ限界においては力強さを求めて決して繰り返し使い続けないことだ。

　さらに、肩関節はどの方向にも自由自在に使える非常に便利で器用な関節ゆえに、注意しておくべき事項が存在する。実は肩関節には、力強くかつ傷めにくい使い方があるのだ。繰り返し強いストレスを強いるスポーツ動作での、安全で効率よく力強さが発揮できる理想的な使い方について、私なりの考えを紹介しよう。日頃、われわれは腕・手を、肩を土台にどの方向に如何様にでも振り回して使えているのだが、つくりから見て身体に優しく使いこなすという立場からは、いくつかの約束事を守る必要がある。

　肩関節はこれまで述べてきたように、肩甲上腕関節（いわゆる肩関節。関節A）と、肩甲骨の動きそのもの（肩甲

胸郭関節。関節B）のほぼ二つの関節が合わさって動かされている。そして臨床で問題となる肩障害は、ほぼ関節Aのみに限局しているという現実がある。

　したがって、肩障害予防を含めた肩の使い方に対する私の考える大原則とは、一見同じ動きに見えても、可能な限り関節Aへの負荷を減らした環境下で使うということだ。もっとも単純な使い方は、いわゆる脇を締めて力仕事をおこなう場合がわかりやすい。

　例えば、鉄の重いトビラを開け閉めしたり、重量物を押したり引いたりする際の肩・腕の使い方であり、皆さん無意識であっても日常さまざまな場面でごく自然におこなっているはずだ。非力で不安定な関節Aを使い過ぎぬよう、しっかり手先や関節Aも固めて、同時に脇を締めて、できるだけ身体の正面で、強力な関節Bの筋力を引き出して反映させるための使い方だ。相手に応じ、時には下半身も含めた身体全体の力強さ、あるいは体重そのものを反映させて使っているだろう。

　スポーツ動作の多くでは、腕を大きく振り回して使っており、その場合と、脇を締めたこの使い方とは、一般の方々にとっては全く異なった使い方に見えるだろう。しかし私は、奥深いところでお互い密接に関係している、と考える立場だ。その点についての詳細は第3部で述べるとして、第2部のこの項では、腕を大きく振るスポーツ動作を

中心に、私の基本的な考えを紹介しよう。

✒️肩に優しい使い方　その1　［上から下へ］

　まずは、力強さを発揮するための第一の使い方だ。この使い方こそ、哺乳類全般に共通するもっとも基本的な肩関節の使い方だ。身体の体軸に沿って、いわゆる縦方向の上から下方向へと使うことだ。これが、ヒトにおいても、もっとも安全で障害を招きにくい、肩に優しい使い方であると断言していいだろう。

　もう少し解剖学の知識が必要だ。いわゆる肩関節である肩甲上腕関節（関節A）は、三次元の自由で大きな動きが可能な関節で、関節内には4つの筋腱（いわゆるインナーマッスル）が存在する。ただしそれらは肩甲骨から隣の上腕骨までの比較的小さな筋の集まりで、もともと強大な筋力を発揮できるものではない。筋肉自体は、その走行から、働く作用はほぼ決まっているのだが、この4つは、腕を下から上に上げる（棘上筋）、外側や内側に捻じる（内側：肩甲下筋、外側：棘下筋・小円筋）といった作用に働き、実は腕を頭の上から足の下方向へと動かすように働くものは存在しない（図2-5）。

　関節Aにおいて、上から下への動きに中心的に働くのは、4つの筋腱とは全く別の上腕三頭筋だ。この筋は肘を

伸ばす機能だが、一部が肩甲骨から起始しており、肘を伸ばす際に関節Ａも同時に上から下へと動かすように働いてくれる。

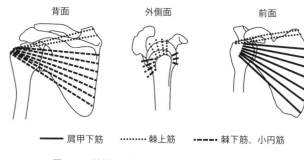

背面　　　　　外側面　　　　　前面

―――― 肩甲下筋　　……… 棘上筋　　----- 棘下筋、小円筋

図2-5　関節Ａ（肩甲上腕関節）を構成する筋

　つまり、上から下への動作に限れば、これら４つの筋腱は関節Ａに対して積極的には動作筋として働けないのだが、その代わりに、不安定で傷めやすい関節Ａをしっかりと一体化・安定化して保護して守ってくれる機能を自然に発揮してくれることになる。

　スポーツ動作では、この状況を日頃から安定して作り出せているかどうかが非常に重要だ。つまり、単純に関節Ａの使い傷みを防ぐには、「上から下へ」を主体に意識して使っている限り、インナーマッスルである４つの筋腱が関節Ａを保護するかのごとく安定化させてくれることになり、そのまま確実な障害予防に役立つことになるというわ

けだ。これは理解していただけるだろうか？

　この場合は、重力も利用するとともに、安定した関節A
を介し、関節Bに関わる筋力をあたかも黒幕のように同時
に参加させることにもなり、いわゆる体幹の力まで自然に
反映させうることが可能となる。例えば、空手の瓦割りで
枚数を競うような場面が一番当てはまるだろう。他には、
剣道の竹刀は基本的には縦振りだ。身体の正面で上から下
方向へ振り下ろす動作だけでは、肩そのものは障害を生じ
にくく、どちらかと言えば首・腰痛など、背骨や肘関節に
関する訴えが多い印象がある。

　少し難しいメカニズムかもしれないが、これが、手や腕
を身体の正面で原則縦方向に使うべきだという表現に対す
る、身体のつくりから見た私の答だ。対して、身体の幅か
ら肘を外に出して、腕を斜めや横に出して、振ったり捻
じったりして使っている代表は投球動作だ。野球選手の多
くが肩障害に悩まされるのはご存じだろう。投球動作につ
いては次の項目で話していこう。

　身体に対して前方で腕を縦に使うことが基本的であろう
ことは、進化の立場から考えるとよくわかる。イヌ・ネ
コ・トラ・ライオン・キリン・ゾウなどの四足哺乳動物で
も、前脚・後脚いずれも前後上下の縦方向に肩甲骨ごと前
脚を使って走り回っている。サル類を経由して進化してき

たヒトの腕も同じように、身体の前方で縦方向の上下に身体の幅から大きくはみ出さない範囲内で、関節Ａの負荷が少なく、関節Ｂ中心で使うことだ。これが哺乳動物に共通の、原始的ではあるがもっとも基本的に備わった、力強さを発揮するための使い方だと考えていいだろう。

ヒトでは自由自在にどの方向にでも使えてしまう肩関節だが、それは、直立二本足で立位保持が可能となったためだ。肩甲骨を背面へ移動させ、上肢・腕を身体の側方・後方へ回せるようになったことで、ヒトならではの器用さを持つ手指を、身体の前だけではなく広い範囲で使えるように進化させてきたのだろう。

しかし、横方向への動きは原則、力強さを要求させない作業に制限しておこなうべきで、身体の重さを支えるような力強さを発揮するには、あくまで腕を身体の正面で使うからこそ可能であり、側方や後方では力強くは使えないものなのだ。

例えば、車の運転席に座ったままで後部座席の荷物を取ろうとして肩を痛めることも多い。パーキングの精算機をつらいと感じる方も多いはずだ。また、お婆さんが川で洗濯という昔話もあったが、手洗いでの洗濯も、洗濯板（若い人は見たこともない人が多いかもしれないが……）に対して腕を縦に、手を前・下に押し出すようにして使うものであり、昔、学校の窓ガラスも、われわれは窓枠の横木をまたいで腕を前へ伸ばすようにして窓拭きをしていたし、

雑巾がけも常に身体の前面で押し出すようにおこなっていた。相撲の関取も、両脇を締めながら、すり足で手を前へ押し出すように練習しており、脇の甘さはそのまま黒星に直結するはずだ。体操競技でも、十字懸垂などは一般人にはできるはずもない。

　（注：ベンチプレスでは、手の位置は身体の幅からやや広げた位置となるが、これは臥位となって、肩甲骨が後ろへ回って背骨近くに位置しており、関節面がより外へ向いた位置でおこなうため、手の位置も身体の幅よりもやや外になるものと見ていいだろう）

　スイング動作では、野球でもゴルフスイングでも、「縦に振れ、上から……」、さらには「上から叩け」という指導がなされることも多い。それは単なる見た目のバットやクラブの軌道、またはボールとバットの位置関係を表現したものではなく、重力を利用させようとすることはもちろんだが、腕・肩を傷めることなく安定して力強く使うために、腕を振り出すべき最初の方向の重要性について強くこだわった表現だ。上半身に対し、決して横・斜めではなく、原則、縦方向に用いて関節Ａの動きを制限しつつ、関節Ｂに関わる筋群を引き出して効率よく使うべきだという、遠く遡れば、哺乳動物に共通する筋骨格構造に基づいた、上肢の基本的な使い方を、プレーヤー自身の感覚で表現したもののはずだと言っておこう。

つまり原則、スポーツ動作では、腕は身体の幅内で、脇を締めて、常に身体の前方向で上下運動を主体に使うべきだ、となる。脇を空けて横に出せば出すほどに、本人が全く同じ意識であっても、手先だけの筋力で作業することになるために、非力な結果とならざるを得ない。極端な表現だが、「手が後ろに回る」という言葉があるが、これも手癖の悪い人間が悪事の発覚によって捕らえられ、手先の悪さを発揮させないように腕を使わせないための言い回しであることも容易に理解できるだろう。

　さらに、肩甲骨の柔軟性も加味して考えてみよう。
　もともと腕は、右腕なら右肩のほぼ正面、左腕なら左肩のほぼ正面で力強く使えるものであり、身体の真ん中であれば両腕がともにしっかり使えてもっとも力強さが発揮できることになる。
　背中側にある肩甲骨が、年齢とともに次第に前方へ回りにくくなればなるに従い、例えば右腕なら、身体の中心を越えて左側で使うような作業が、制限されて使いづらくなるとみていい。これは了解していただけるだろう。つまり、作業が左側に偏れば偏るほど、右腕が届きづらくなり、あるいはたとえ届いても力強くは使えなくなるため、作業は左腕に頼らざるを得なくなる。しかし、可動域が大きい若年者であれば、より幅広い範囲で、両腕を生かして対応できることになる。

　ゴルフスイングでのドライバーショットは、身体の中心より左である左踵の前にボールを置いてスイングする。この場合においても、若年者ほど、インパクトを越えてフォロースイングでも右腕がより力強く使えることになる（図2-6）。対して中高年では、フォロースイングが小さくなってしまうのも仕方がない。

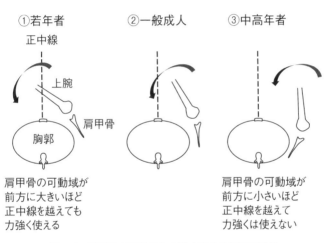

① 若年者　　　② 一般成人　　　③ 中高年者

肩甲骨の可動域が
前方に大きいほど
正中線を越えても
力強く使える

肩甲骨の可動域が
前方に小さいほど
正中線を越えて
力強くは使えない

図2-6　肩甲骨の可動域と力強く使える範囲の関係

　もちろん、肩甲骨の可動域の低下があっても、下半身や骨盤の移動や回旋を伴い、身体を左に向けられれば、位置関係だけから見れば右腕は使いやすくはなるのだろうが、下半身の動きもより必要となってしまう。いずれにせよ、若年者ほど、第1部で述べてきたスイング後半の「力の入

れどころ」を発揮しやすくなり、インパクト後も長く低く力強いフォロースイング、さらに大きなフィニッシュが可能となることも了解していただけるだろう。もちろん呼気時にスイングすることが勧められるのも、胸郭がわずかでも小さくなり、肩甲骨が回りやすくなることもあるだろう。

　また、テークバックでも左肘を伸ばした状態でのトップが勧められるが、これも左肩甲骨の前方への動きが大きいからこそ可能であり、大きなトップでかつ左肘を伸ばしたスイングも、やはり肩甲骨の可動性が大きい若年者ならではのものであり、われわれ中高年では実行しづらいことも理解できるだろう。

※次の項は投球動作についてであり、ゴルフスイングについてお急ぎの方は飛ばして読んでいただいて構いません。

肩関節には力強くかつ傷めにくい 使い方がある！　その2

　次の第二の使い方についてだが、これは哺乳類の中で、ヒトだけに許された特別な使い方だと言っていいだろう。投球動作やテニスのサーブなど、腕を上げ、回ししつつ振り下ろすような場合に守るべき使い方だ。さすがに上から下、そして縦方向だけでは、ラケットを振ったり、ボールを投げたりできない。腕を上げて何らかの回す、回る動きが必要となる。

　大原則として、肩にどんなに優しく投げていたとしても、投げ過ぎは必ず障害を起こす。まして肩に優しくない使い方は容易に障害を起こすことになる。前項で述べた上から下とは異なり、もともとは負荷の大きい仕事をさせるべきではない使い方であり、障害の招きやすさという点から、投球動作での肩の使い方には大きな約束事があることを、野球関係者は知る必要があると私は思う。

✍肩に優しい使い方　その2　ゼロポジション

　障害予防のため「肩に優しい投げ方」というものの概念を簡単に示してみよう。同時にパフォーマンス向上にも通

じるはずだ。

　それは、「ゼロポジション」という位置で関節Aを使うことである。ゼロポジション、これは肩甲骨の後方の出っ張りである肩甲骨棘と上腕骨が一直線となる位置だ。おおよそ140〜145度程度に腕を上げた位置となる（図2-7）。
　腕・肘が下がれば、腕の軸方向に対して、インナーマッスルである腱板の走行と角度が生じ、回旋力が働き、関節Aの不安定性を招いてしまう（図2-8）。しかしゼロポジションでは、前項で述べたインナーマッスルである腱板の4つの筋腱の走行が上腕骨の軸と一致し、この位置では腱板構成筋自体では関節Aに対しては内旋にも外旋にも働かないという意味で「ゼロ」と命名されている。
　投球動作では、このゼロポジションにおいて、4つの筋腱で構成される腱板が働いて、関節Aをしっかり安定化し、関節B主体で肩甲骨ごと投げるような使い方となるだろう。肘が下がるとまずいという問題点がよく指摘されるが、その場合、この4つの筋腱が関節Aを安定化しきれないため、無用なストレスを生じて関節Aを痛めやすくなるとともに、関節Aが緩んで関節B由来の筋力が十分に手先に反映させることができなくなり、結果としてパフォーマンスが落ちてしまうことが理由として挙げられる。
　また投球動作では、年齢が幼いほど肘障害が多い傾向にあるが、肘障害予防としても、肘が下がらぬことが指導さ

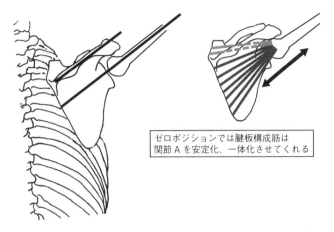

ゼロポジションでは腱板構成筋は
関節 A を安定化、一体化させてくれる

図2-7　ゼロポジション（肩甲骨棘の軸と上腕骨の軸が一致する）

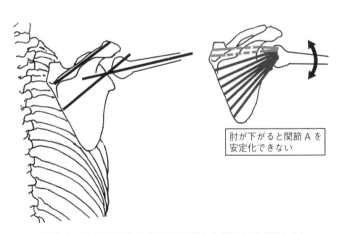

肘が下がると関節 A を
安定化できない

図2-8　肘が下がる（肩甲骨棘の軸と上腕骨の軸が異なる）

れている。肘関節は肩や股関節と異なり、単純な屈伸運動しかできない。障害予防には、肘関節がおこなうことができないはずの捻じりや横揺れ動作を極力、強いることのないように投球動作をおこなうことが安全であることは誰にでも容易に理解できるだろう。

　私の周りの野球に精通している先生方によると、障害予防のためのお勧めの投げ方とは、右利きであれば、左足を踏み込んだ時点で、すでにテークバックでの右肘の位置が十分に高く上がり、肘の屈曲角度がほぼ直角になっていることがポイントだということだ。もし、左足を踏み込んだ時点で、まだ腕・肘の挙上角度が不十分で、ボールを持つ手が十分に上がっていなければ、そのあとに肩や肘にもより大きな捻じりストレスが加わり、結果、肘・肩関節に障害を招くことになるのだろう。

　また、手投げの改善を目的とした練習方法に、ボールを真下に投げつけることもよく指導されているが、これも私は一つ目の「上から下へ」と二つ目の「ゼロポジション」とをミックスさせて、関節Ａを痛めない目的の練習方法になっているものと見ている。上半身をしっかり回転させて投げつけることで、両者が合わさった理想的な使い方を目指すものだろう。

　投球動作に限らず、どのようなスポーツでも、関節Ａの土台である肩甲骨の使い方次第で、大きな差が生じるも

のだと私は考える。さらに、投球では上級者ほど、いわゆ
る腕をムチのようにしならせ、たわませて投げていること
はよく周知されているが、それも肩甲骨を上手く使ってこ
そだと言っていいはずだ。しかも、肩甲骨の動きが大きけ
れば大きいほどに、周辺部位の関節Aや肘関節の負荷や
負担が少なくすむことは容易に想像できるだろう。

　次の第3部では、この使い方について徹底してこだわり、
私なりに肩甲骨およびゴルフスイング動作との関連性につ
いて述べてみよう。

肩関節のまとめ

　簡単に整理しておこう、ヒトの肩なる部位は実は二つの関節が組み合わされて動かされている。

　一つは、感覚が繊細、動きも便利で器用で、自由自在に思うように何とでも使えるのだが、その反面、力強さに欠け、非力で傷めやすい関節（肩甲上腕関節。ここでは関節A）だ。

　対してもう一つの関節とは、成人以降は加齢による可動域の低下が明らかで、しかもいくら動かして使っていても、動き自体を認識することが困難、さらに使っている感覚に乏しく扱いづらい困った関節（肩甲胸郭関節。ここでは関節B）だ。しかし、発揮できる筋力は非常に大きく力強い。しかも痛めにくいため、治療医学の立場からは積極的に治療する機会がほとんどなく、全く重要視されることのなかったと言っていい。さらにいくら大きく使われていようとも、一般には腕の土台としてではなく、身体または背骨の動きとして扱われてしまっているという厄介な関節だ。

　これらAとB、そのどちらを主体に使うべきかは、対象とする動作の目的によってヒト自身が使い分けていることになる。原則、スポーツ動作では力強さが要求され、関節Bは一般的によく使われている言葉である「体幹」の中核

を成す部分でもあり、後者を主体に使いこなすべきなのは
自明だろう。

　次の第3部は、この肩甲骨および周辺筋をゴルフスイン
グ動作で最大に生かすための使い方についてだ。ここまで
述べてきた肩の基礎知識をもとに話を進めよう。

　次のテーマこそ、本書のメインテーマであり、ゴルフス
イングに限らず、あらゆるスポーツにおいて、ヒト腕を
もっとも効率よく、理想的に、かつパワフルに使いこなす
ための、哺乳動物に共通した「つくりから見て理にかなっ
た使い方」だ。その、見た目にもっともわかりやすい最高
のプレーヤーが、なんとあの昭和の大スター、長嶋茂雄選
手だったと私は見ているのだが……。

第 3 部

応用編

腕をムチのようにたわませ、しならせる使い方とは？

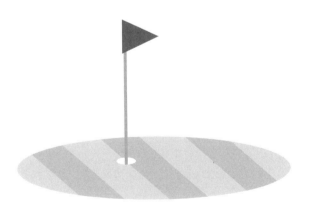

肩関節に関する難しい筋骨格構造の話はいかがだっただ
ろうか。ここから先は、肩の基本構造を踏まえて、さらに
一段階ランクアップを目的に、全く別の側面から一つの仮
説を新たに紹介しよう。

　もちろん、第1部で紹介した「力の抜きどころ」や
「オーバースイングの制限」といった内容も含んでおり、
手っ取り早く（？）上級者に近づくための、私がひねり出
した、全く新しいスイングの概念だ。多くのプロ・上級者
においては、自覚がなくともすでにほぼマスターしている
であろう使い方だと私が確信しているものだ。さらにこの
概念を実践するためのとっておき（？）のドリル（訓練）
も紹介しよう。

　私の周りのアベレージゴルファーたちからも、トップの
位置が明確となり、かつコンパクトとなって安定し、力み
もとれたと好評だ。もちろん、多少の挫折にくじけること
なく、上達を求めて現状を打破してやり遂げようとする熱
意と集中力、および常識を疑う勇気と遊び心、さらに素直
さ、謙虚さとともに、いくつかの約束事を守る必要がある
ことはお断りしておこう。ここまで言うと、なかなか手っ
取り早くとはいかないかもしれないが、まずはクラブを振
り回せる体力・筋力のある方々を対象と見立てて紹介しよ
う。

腕をムチのように使うためには？
子供時代の外遊びにヒントあり！

　投球動作では、プロ・上級者ほど腕をムチのようにたわませ、しならせつつ剛速球を投げているものだが、これは皆さん了解だろうか？　学生野球経験者を相手にすれば、たとえキャッチボール程度であっても、大きな迫力の違いを感じるはずで、投げ込まれたボールが持つパワフルさに関しては、腕力・体力だけでは測れないことや、腕を単に振る速さだけでなく、何らかの別の次元で腕・身体の使い方なるものが大きく関与しているであろうことも十分に感じるはずだ。

　投球動作のような片手だけの動きに比べるとわかりにくいのだが、実はゴルフスイングにおいても、シャフトだけではなく、「腕そのものをしならせろ」という指摘がある。私もすでに第1部でのハンマー動作において、投球動作と同様、腕を弾ませるに加え、「たわませ、しならせる」という表現を使ってきた。実はこのような使い方こそ、あらゆる動作において、ヒト腕に備わった、本来の効率の高い理想的な使い方に違いないと私は考えている。

　投球、ゴルフスイング、ハンマー動作といったこれら3つの動きは、確かに見かけ上は三者三様の全く異なった動きにしか見えないのだが、効率よくパワフルさを発揮して

使うための本質はどれも同じだという考えだ。

　他に例を挙げると、やはり和太鼓、あるいは布団たたき・ハエたたきを弾みよく叩くようなイメージになるだろうか？　さらに、われわれの子供時代の遊びで言えば、大阪ではベッタンやベッタ、他地域ではメンコ、パッチン、そして池や川での水切り遊びや、ベーゴマ、コマ回し、新聞紙を折って作った紙鉄砲、フリスビー、釣りや投げ縄等にも通じることになるだろう。これらの遊びでも、投球動作と同様に、子供時代は当たり前のように腕をムチのようにたわませ、しならせて使っていたはずであり、中高年のわれわれも少年時代は、結構それなりに相当なムチの使い手だったということになるのだが……。

　普通に考えて、ゴルフクラブのシャフトならまだしも、非常に硬い骨を含んでいるヒト腕において、弾むようにあたかも「たわませ、しならせる」といった使い方とは、いったいどのように使うことなのか？　と皆さん疑問に思われないだろうか。そう見えるから、そう感じるから、特にプロ・上級者における投球動作では当たり前のように使ってしまっている表現だが、では具体的に身体や腕のどこをどのように使うことで、シャフトだけではなく、腕までもムチのようにたわませ、しならせて効率よくパワフルさを発揮できる使い方となり得るのだろう？

✒ ボールペンをしならせてみよう

　ここで、大いに参考となる身の回りのモデルがある。子供時代や学生時代に、ボールペンや鉛筆を揺らして遊んだ経験は誰もが持っているだろう。あたかもボールペンや鉛筆がたわんでいるかのように見えると同時に、しなっているかのように感じられるというものだ（図3-1）。ボールペンや鉛筆を持っている手指を積極的に先行して揺らすことで可能となる。誰でも今すぐに簡単に再現できるはずだ。是非やってみていただきたい。

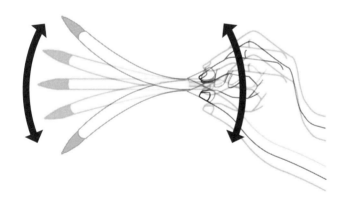

図3－1

さて、このボールペンと同様に、ヒトの腕全体をしならせてムチのように使うにはどうすればいいのだろう？

　ヒトの手は、手首の関節（手関節）、そして肘関節、さらに肩関節で身体と連結しているのだが、この手首・肘・肩の3つの関節だけを単純にいくら積極的に使って動かそうとしても、容易にはしならせることはできないはずだ。

　だが第2部で述べたように、肩という関節は実は二つの関節で構成されていることを思い出していただきたい（67頁図2-1参照）。腕の骨は、肩甲骨という骨と、肩関節（肩甲上腕関節。関節A）を形成しており、加えてもう一つの関節、すなわち肩甲骨の動きそのものである肩甲胸郭関節（関節B）が存在する。すでにここまでに、力強さを要求されるスポーツ動作では、この肩甲骨に関わる力強さを使いこなすべきであろうことを述べてきたのだが、さらにこのボールペンの動きに真似ておこなうとすれば、使うタイミングが重要だ。すなわち、腕を振り出す際、まずは腕の土台である肩甲骨を先行して動かすことで、腕をムチのようにたわませ、しならせる使い方が可能となると見ていいだろう。

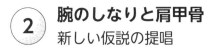

腕のしなりと肩甲骨
② 新しい仮説の提唱

　このような肩甲骨を先行させる使い方こそ、投球動作に限らず、あらゆる動作において、ヒトの腕をしならせ、そして理想的な本来のパワフルさを発揮させるための大原則である、と見つめ直してみてはどうだろう？　ここで、子供時代の外遊びはもちろん、ゴルフスイングも含めてどんなスポーツにおいても、投球動作と同様、たとえ使っている自覚や感覚がなくとも、肩甲骨を先行始動させて腕を使うことが、スポーツ動作ではプロ・上級者に共通する理想的な力強い使い方だとする仮説をここで提唱しよう。

　腕をムチのようにたわませ、しならせて使うためには、先述のハンマー動作や和太鼓でもなんとか観察しうるのだが、肩甲骨自体の動きは誰でも把握しづらい。しかし、たとえ体幹に含まれ、腕の土台としての動きが外見からはわかりにくくとも、肩甲骨を腕に先行して積極的に動かすことで、ようやくしならせるかのような動きが可能になるのだ。
　次々と関節が連続して動かされていくという意味で「運動連鎖」という言葉を使うとすれば、まずは腕の土台である肩甲骨から先行して運動連鎖をおこなうべきというもの

だ。

　この部位の動きは誰もが認知・自覚することが難しいものの、単に最初に一つの関節（関節Ｂ）が付け加わっただけであって、さほど突拍子な概念でもない。ほんのわずかであっても、まず肩甲骨の先行始動が非常に重要な約束事となる。

　子供時代は、幼い時分ほど肩甲骨の動きが大きく、自覚が全くなくとも、手や腕の動きがもともと肩甲骨の動き中心でおこなわれていると言っていいだろう。われわれが昔、子供の頃やっていた、ベッタンやメンコ、コマ回しも、当時はみんな誰も無意識に当たり前のように肩甲骨ごと、まず初めに肩甲骨を揺らすように大きく動かしつつ、わずかに遅らせて腕をしっかり振って遊んでいたことになる。

　見渡せば、バスケットボールのあたかもボールが手に吸い付くようなドリブルや、バレーボールのセッターの柔らかいトスさばきも、やはり肩甲骨の柔軟な大きな動きを伴ってこそ可能となるはずだ。これらの点からも、肩甲骨の動きが非常に大きいジュニアから始めるほど、どんなスポーツでも上達が早い一番の理由につながるだろう。子供たちのダンスを見ても、肩甲骨の大きな動きがあってこそ、あのスピード感にあふれた激しいパフォーマンスが可能といえ、それはゴルフをはじめ、全身運動をおこなうあらゆるスポーツ動作でも同様のはずだ。

〔補足〕

　腕をしならせる使い方の補足として、今や40代以上の方しかわからないかもしれない例が、最近はほとんど見かけなくなった水銀体温計だ（図3-2）。水銀の体温計は、振る方向はゴルフスイングなどとは異なるが、計測前に振って水銀柱を下げておかなければならない。これも弾みよく、肩（肩甲骨）から振らないと下がってくれない。この場合も、われわれは

図3-2

肩甲骨を先行始動させ、スナップをきかせるように、しっかり体温計を振っていたのだ。他には団扇や扇子をしっかり振る場合も同様だ。スポーツだけではなく、その他さまざまな日常生活においても、効率よく腕を使うために無意識に肩甲骨を先行させて使っていることが理解できるだろう。

　ここから先は、もっと肩甲骨にこだわって話を進めていこう。ハンマー動作や和太鼓では、腕が肩甲骨主体で振り上げられ、肩甲骨も挙上し、その後の切り返し動作において、肩甲骨の先行始動が容易な位置、すなわちこの位置がハンマー動作での肩甲骨の理想的なトップの位置であった

と考えていいだろう。ここをポジションHとする（図3-3）。

　切り返しで、まず肩甲骨が先行してポジションHから振り下ろされ、わずかに遅れつつ腕も振り下ろされていく。理想的に弾みよくハンマーを振るためには、いわゆる無駄な力が腕に入っていない方が好ましいことも実感できるだろう。私はバレーボールの経験者だが、自分的には、肩甲骨先行指導の使い方は、スパイク動作でも同じだという印象だ。おそらく空手の手刀による瓦割りなども同じはずだ。

　この動作における肩甲骨の動きの大きさだが、60代半ばの私で確認してみると、振り上げた位置（ポジションH）と、振り下ろしてきて叩く直前の位置（ポジションL）とでは、肩甲骨および上腕骨の骨頭部は、およそ約7.5cm程度の下方移動が可能であることが確認された（図3-4）。

　三次元的にはもっと大きな動きがあり、幼い子供や若年者ではさらに大きくスムーズな動きが可能で、胸郭側の動きも合わさり、外見上からも明らかな腕のたわむ、しなる動きとなり、重力そして第1部の最初で紹介した筋伸展反射も最大活用しつつ、パワフルさが増幅されて生まれていたのだ。ハンマー動作における切り返し動作では、この肩甲骨の先行始動が大きく関わっているであろうことは了解していただけただろうか？

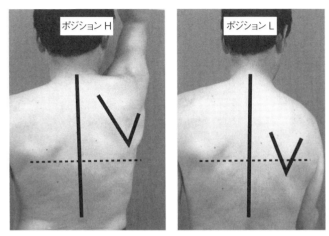

図3-3　ハンマー動作における肩甲骨の上下の動き

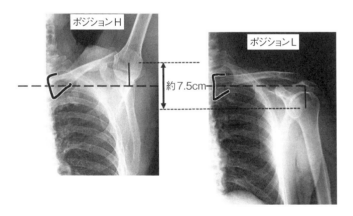

図3－4　ハンマー動作における上腕骨の骨頭の上下の動き

③ ゴルフスイングでも腕をしならせるためには？

　実際のゴルフスイングでは、クラブを振る方向が斜めとなって、ハンマー動作とは多少は異なっているが、ダウンスイング開始時に、まずは胸郭の周りを右肩甲骨（以下、右利きの場合）から同様に下方、そして前下方へ先行始動させ、腕がやや遅れ気味に振り下ろされることで、ボールペンと同様に、腕のたわみやしなりが生まれ、ムチのようにしならせ、弾みよいスイングが可能となると考えていいだろう。

　この仮説によれば、実は野球では、投球だけではなく、バッティングでも、上級者ほど、投球動作と同様に肩甲骨から先行始動させてボールを打っているのだろう。他にも、砲丸投げのような特殊な投げ方も同じで、またテニスでも肩甲骨を先行させてから腕を振り出して強いトップスピン系のボールが打ち出されるし、卓球でわずかなラケットの動きだけで強烈なスピンをかけているのも同様の使い方であり、私には、ほぼあらゆるスポーツ動作で、肩甲骨始動が先んじておこなわれているものと見える。

　以下、ゴルフスイングにおけるダウンスイングでの肩甲骨先行始動について、これを確実に実践するための作戦を

考察してみた。「ドリル」として紹介しよう。皆さんも試していただきたい。

✐肩甲骨から始めるテークバック

まずは、前述のハンマー動作のリズム・タイミングをイメージしつつ、ゴルフクラブを持たず、右腕だけのゴルフスイングをおこなってみよう（図3-5）。

アドレスの右肩甲骨の位置をポジションＡとし、手や腕には一切意識を置かず、「力の抜きどころ」や「脱力」を守り（これがきわめて重要だ）、テークバックからバックスイングで、右腕の土台の右肩甲骨だけに意識を集中させて、ポジションＡから、胸郭の周りを外後上方へと移動させていく。ハンマー動作でのポジションＨと同様に、肩甲骨の動きの限界を感じた辺り、これを「ポジションＴ」として意識してみよう。多くの方が、かなり浅く、物足りなさを強く感じるかもしれない。

その後のダウンスイングで、ポジションＴから、まず肩甲骨だけを腕や肘・手に先行して前方やや下方へと戻しつつ、右肘が下りてきた右胸の前あたり、インパクトより少し手前の位置、これを「ポジションＤ」としよう。ハンマー動作でのほぼポジションＬに相当する。

肩甲骨がこのポジションＤ付近に移行する少し手前辺り

〔ポジション A（アドレス）〕〔ポジション T（トップ）〕　　〔ポジション D〕

肩甲骨だけを意識して
腕を上げていき限界を
感じた位置

肩甲骨だけを意識して
先行始動させて、腕を
下ろしてきた位置

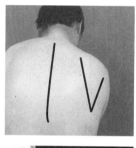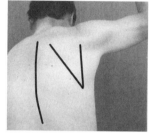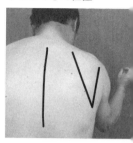

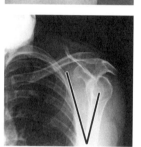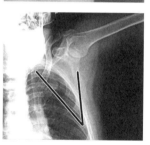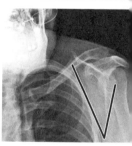

肩甲骨だけを動かしたイメージ

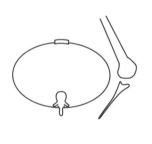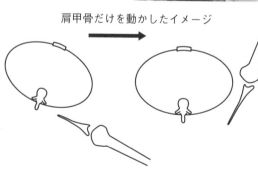

図3-5　ゴルフスイングにおける肩甲骨の動き

から、「力の入れどころ」として、やや遅れて腕を振り下ろせば、ゴルフスイングでも和太鼓やハンマー動作と類似の、上級者に共通する腕をムチのようにたわませ、しならせることができると見ていいだろう。

　やや腕が遅れて振り下ろされる分、右肩から右腕の内側にかけて筋の張りを実感するだろう。ハンマー動作と同様に、右肩〜腕全体に筋の反射を活用していることになるのだが、中高年の男性陣は是非、昔のベッタンやメンコと同じだと思い出しながら、やってみてもらいたい。

　一般に、テークバックからバックスイング、そしてトップの位置へとクラブを上げていく際、誰もが、これまでグリップや肘、クラブヘッドそしてシャフトなど、自他ともに見た目にわかりやすい、あるいは動きを認識して感じとりやすい身体の部位の位置や動きを拠りどころにせざるを得なかったはずだ。対して、肩甲骨はいわゆる体幹に含まれ、スイング中は誰もが正確な動きはもちろん、動きの存在すら認識することが難しく、明確にこだわることなど誰もできなかっただろう。

　したがって、ここからは、たとえアベレージゴルファーでも、ダウンスイング開始時に肩甲骨の先行始動を確実に正確におこなう目的で、頭を大きく切り替え、史上初（？）の大胆な作戦を紹介しよう。あくまで、誰もが容易

に意識できない肩甲骨の存在を積極的に認識し、かつ肩甲骨先行始動の会得を目的とするためのものだ。多少以上の違和感があっても試しにやっていただこう。

「肩甲骨および周辺筋」の人智が及ばぬ特殊性

　腕をしならせるために必要不可欠であり、かつ大きな動きと力強さを兼ね備えた肩甲骨（関節B）だが、もう皆さんご存じのように、ここには非常に困ったやっかいな超難問題が待ち構えている。繰り返し述べてきたことだが、「肩甲骨および周辺筋」は、誰もが動きや働きを認識・自覚することが困難であり、加齢とともに中高年では可動域が著明に低下してしまっている。

　私の属する整形外科は、ヒトの筋・骨格構造をもっともよく知りえる職業的立場にある。本来は外科的治療をもっぱら専門としており、日頃の臨床では、積極的な手術治療が不要なこの部位を重要視することはなかったと言っていい。私もそうだったが、整形外科医への道を志したからには、手術のできる、腕の立つ整形外科医を目指し、できるだけ早く、数多くの各種手術症例を経験して日々腕を磨き、外科医として確かなスキルを身につけることが最優先の課題だった。経験を積み重ね、熟練すればするほどに、現状に満足せず、対処困難な難治症例や、さらなる良い治療成績が期待できる術式を追求したり、負担の少ない術式を取り入れたりして、より高みを目指し、現状に留まること な

123

くレベル向上を目指す姿勢は変わることなく、それは医学に限らず世の中同じはずだ。

　その流れから言えば、たとえ骨折があっても自然治癒が可能で、外科的治療がほぼ不要、さらにもともと中高年では可動域が大きく低下しても日常はさほど困らず、しかも動きの存在自体を自覚もできない肩甲骨および周辺筋など、整形外科学自体が興味を示すことはなく、たとえ肩関節外科を専門とする立場であっても、この部位を主体に治療を論じる機会や必要性も一切なかったのはやむを得なかったのだ。

　今でこそ、リハビリを中心にこの部位は高く評価されるようにはなったが、なお整形外科の臨床現場では、この部位の機能や動きの存在までもほぼ無視されているのが現状であると言っていい。私はたまたま研修医時代の全く未熟な時期に、幼い子供たちの大きな肩甲骨の動きを目の当たりにしたため、この部位を抜きにスポーツの上手さ・強さを語ることの無意味さに気づいてしまい、「決して無視しえるものではない。無視することはあってはならない」という強い思いが脳裏に刻み込まれて、この部位に深く関わることになってしまったのだろう。

　25年以上にわたり、独自にこの部位にこだわり続けてきた私に言わせてもらえるのなら、スポーツ種目やレベル、そして老若男女にかかわらず、今日まで数え切れない無数のプレーヤー、スポーツ・体育関係者、さらには解説者た

ちまでも手玉にとり、ヒトの英知を騙し、惑わし、われわれ整形外科医やスポーツ医学までも長きにわたって欺き続け、いわば全人類を弄んで、人智が及ぶことを決して許してこなかったと言っても過言ではない部位だ。何人の記憶にも記録にも残せず、現代医学にすらその機能的重要性を真にさらけ出すことのなかった、人体最大の秘境や聖域と言ってもいいだろう（言葉が大袈裟で極端なものになってしまったが、過去どの分野でも、誰もこの部位に明確にこだわれなかったことからも、これぐらいの強い表現があってもいいだろう）。

　全容をさらけ出すことのなかった神秘に満ちたこの部位について、私が提唱する仮説を、皆さんに少しでも理解していただくため、全く新しい見地から、世界初で私が先陣を切って開拓者としてこの秘境の地に立ち入り、スポーツの上手さ・強さの本質を求めて、引き続き話を続けさせていただこう。

5 　まずは肩甲骨単独を意識したテークバックから

　今回、私の紹介する「ドリル」だが、動きを明確に認識できなくとも、まずは肩甲骨のストレッチを繰り返しおこない、肩甲骨の動きの存在自体を各自が努めて意識することから始めていただく。

　肩甲骨は、その存在すら誰も明確に自覚できないという、非常に悩ましく困った部位だ。したがって、肩甲骨単独の動きの存在を強く意識しながら、腕を上げたり回したりしつつ、十分なストレッチをあらかじめしっかり丁寧におこない、たとえわかりにくくとも、まずはわかろうと各自が意識して努めることが、この部位を理解する第一歩となる。

✍ 肩甲骨を意識して動かしてみよう

　片方の手で肩甲骨に触れ、もう片方は脇を閉じた位置から腕を外へ上げたり、腕を回したりしながら、肩甲骨の動きの存在を確認するとともに、逆に肩甲骨の動きだけによっても、腕全体そして手先までも動かされることを、自分で意識して積極的に把握して、認識しようと努めることが重要だ。

　裸になって鏡で肩甲骨の動きを見てもいいが、幼い子供

たちを見ればよりわかる。彼らを見本に、ヒトの腕という
ものは自覚はなくとも、本来は肩甲骨から動かし使われて
いるということに、ひとまず納得することだ。マエケン体
操をおこなうのもありだろう。

　次にクラブを持たず（これが極めて重要だ）、両腕では
なく、まずは右腕だけで（以下、右利きの場合）、イメー
ジスイングを繰り返しおこなう。右肩甲骨のその人なりに
可能な大きな動きの存在を、実際に朧げながらでも確認し
ようと努めておこなうことが大切だ。

　第2部で「力の抜きどころ」と肩甲骨との関連性にも言
及したが、手や腕に意識を置く必要はなく、手や腕は十分
に脱力させておくことにより、肩甲骨の動きがおこないや
すくなることもすでに述べた。アドレスの最初からの「力
の抜きどころ」を守り、腕やグリップに力感を置かず、で
きるだけ脱力しておく必要がある。

　そして、右肩甲骨の動きだけに意識を集中して、細心の
注意や神経を払いながら、ゆっくりとアドレス時の肩甲骨
の位置であるポジションAからテークバック、バックス
イングを想定して右腕を上げていく（120頁図3-5、128頁
図3-6）。

　次に、胸郭の周りを回るように動いていく右肩甲骨にで
きるだけ注意を払いつつ、動かす方向は異なっても前述の
ハンマー動作でのポジションHと類似のリズムをイメー

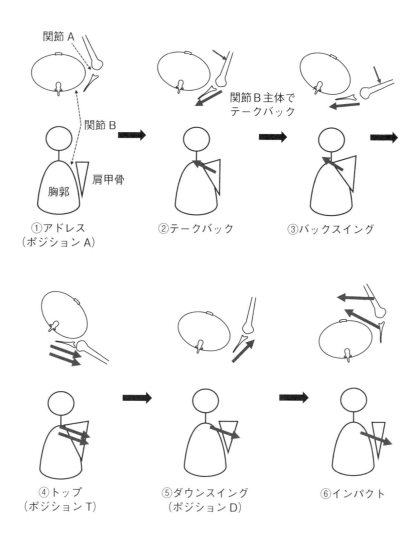

関節 A

関節 B

肩甲骨

胸郭

①アドレス
（ポジション A)

関節 B 主体で
テークバック

②テークバック

③バックスイング

④トップ
（ポジション T)

⑤ダウンスイング
（ポジション D)

⑥インパクト

トップ以降、ダウンスイングでは肩甲骨（関節 B）始動で開始されている

図3-6　肩甲骨始動が可能なスイングのイメージ図

ジして、トップの位置付近での肩甲骨の動きの限界を、お
およそでもポジションTとして意識することだ。最初は
エリアT（？）といった大雑把な程度の認識でよい。かろ
うじてであっても、わずかでもなんとか意識さえできれば、
それ以上は腕や手を上げ続けることが難しく感じるだろう。
この肩甲骨の動きの限界をポジションTとして素直に感
じ取れるかどうかが重要だ。

　まずは、この右肩甲骨だけで腕を上げていく動作を繰り
返し、肩甲骨の動きの存在と限界を認識する目的でイメー
ジトレーニングを徹底しておこなうことだ。第1部で強調
してきた「力の抜きどころ」を守り、肘や手首を積極的に
動かして使うことなく、手のひらを返したりもせず、ハン
マー動作と同じで肘はやや曲がっていくが、テークバック
からバックスイングまでの右肩甲骨のポジションAからT
への動き、そして切り返し動作でのポジションTからの
肩甲骨先行始動を繰り返す。

✎ 肩甲骨先行始動からのダウンスイング

　そして、肩甲骨を先行始動させて右肘が胸の前に下りて
きた位置が、ほぼポジションDだ。

　この一連の肩甲骨を含めたスムーズな動きやリズムを記
憶にとどめるべく努めよう。左手で右肩甲骨に触れられる
方は触れつつ、右肩甲骨の動きを実際に確認してみるとい

いだろう。外見からはわからなくても、触れれば結構大き
な動きがわかるはずだ。自分で触れない方は誰かの、ある
いは子供たちの肩甲骨に触れて、その動きの存在を確認し
てもらいたい。まずはこういったイメージトレーニングで、
この肩甲骨の動きの存在を自分で納得することが大前提だ。
多くの方々にとっては、大きな意識革命が必要かもしれな
い。

　ポジションＤに肩甲骨が位置した時点では、まだ肘か
ら先の手は遅れており、下りきっていない分だけ、右肩か
ら右腕の内側にかけて多少の筋の張りを感じるだろう。多
くの年配の男性陣には、和太鼓以外では昔、懸命になって
遊んだベッタンやメンコ、コマ回し、女性陣なら布団たた
きとほぼ同じ使い方だとわかるはずなのだが……。
　手先は脱力しておき、肩甲骨にできるだけ意識を払い、
ぼんやりであってもこの部位が、前やや下方へ先行する動
きの存在を自覚し、腕の内側の張りを感じつつ弾みよく
使っているイメージを脳裏に刻むことができるかどうかが、
このドリルの課題であり、ランクアップへの最短の近道だ
と私は思う。
　これがなんとかできたあとに、ようやく両手で、最初は
手を組まずに離してイメージトレーニングをおこない、そ
の後にようやく両手を一緒にグリップしてイメージトレー
ニングをおこなっていただきたい。実際に両手でスイング

する場合のポジションＴは、片手の場合よりも、やや浅くなってしまうかもしれない。

　ポジションＴではないが、エリアとして類似の近点を求める別な方法も教えよう。腕を振り上げてボールを投げようとする際の肩は90度＋α、肘は約90度で構えた位置だ。この位置を「ポジションＣ」とすると、Ｔよりもやや大きい印象がある。ダウンスイングでは、アンダースローでの投球動作をイメージするのもいいかもしれない。投球動作とゴルフスイングが類似しており、投手にゴルフ上手が多いことに通じるだろう。

　初心者の方の多くはＣの方がわかりやすいかもしれないが、大切なことは、自分なりに理想的なポイントを求め、切り返し時に肩甲骨の先行始動ができるかどうかということだ。それが、今回の仮説を確実に実践するためのもっとも大切な課題だ。繰り返すが、振り下ろしていく感覚は、私個人的にはハンマー動作、そして幼い子供時代によく遊んだベッタンと全く同じだという認識だ。是非、中高年の皆さんも和太鼓やベッタンを思い出しながらおこなっていただきたい。

　両手でもイメージトレーニングを繰り返し、肩甲骨を意識したバックスイングが可能となり、ダウンスイング開始時の肩甲骨先行始動がイメージできるようになれば、よう

やく次に、クラブを持っての素振りとなる。

　第2部でも述べてきたのだが、少なくとも、強過ぎるグリップは肩甲骨の理想的な動きに悪影響となり、いわゆる「ゆるゆるグリップ」がお勧めとなる。よくわからなくなれば、再度クラブを置いて片手に戻ってでもイメージトレーニングを繰り返すべきだろう。

　まずは肩甲骨の動きの存在を自覚・認識し、トップの大きさはそれぞれの肩甲骨の動きの大きさに準じて決まっていいということを知るのが、このドリルの目的だ。第1部で強調してきた「力の抜きどころ」に関しても、この一連の肩甲骨主体の動きを実践させるための布石だったと言ってもいいだろう。このドリルがクリアできた頃には、いつのまにか、「力の抜きどころから入れどころ」へといったリズム・タイミングも身についているはずだ。

**6 肩甲骨の可動域に応じてトップの
大きさは異なってよい**

　私がそうだったのだが、オーバースイング傾向の強い方
は、どこまでクラブやグリップを上げてしまってよいのか
判断できず、できるだけ遠くへ飛ばそうと思うあまり、行
き着くところまで上げてしまい、最後にリストコックまで
大きくおこなうことで、強いオーバースイングとなってし
まっていたはずだ。バックスイングで、ここがポジション
Ｔ（エリアＴぐらいの認識でかまわない）だと判断できれ
ば、物足りなさがあっても、リストコックも含めてそこで
バックスイングは勇気を出して終了だ。この割り切り感が
非常に重要だと私は思う。

　オーバースイング傾向の方々にとっては、グリップやク
ラブが普段より上がっていない分、物足りなさや中途半端
さを強く感じるだろう。ただ、各関節の遊びや、多少の慣
性に由来する $+\alpha$ の動き程度は全く影響ないし、下半身の
動きも加われば、たとえ本人は物足りなくとも、おそらく
は外見上からはほぼ十分なトップが出来上がっているはず
だ。

　繰り返しポジションＴからの切り返しをイメージするこ
とで、最初に強く感じた物足りなさも次第に薄れ、ポジ
ションＴでのグリップや腕の位置を確認しつつ、慣れて

くれば、認識しづらい肩甲骨の動きを全く意識しなくとも、個人それぞれが新たに覚えたグリップや手の位置や動きが拠りどころになって、肩甲骨もより正確なポジションＴに次第に収まってくれることになる。

　いつの間にか自然に力の抜きどころも守れて、オーバースイングも改善され、ダウンスイング開始時での、ポジションＴからの肩甲骨先行始動が正確に再現しやすいトップに落ち着くことになるだろう。

　まずは、イメージトレーニングや素振りを繰り返し、切り返しでの肩甲骨先行始動を目的に、ポジションＴに相当する右肩甲骨のトップの位置を追求することだ。

　ただ、左肩・腕の動きが硬くて、クラブを持った時に右側への動きが極端に悪く、右手のみで確認したポジションＴに左手が届かない方がおられるかもしれない。その場合は、もっとより浅い位置でもいいと思う。私自身も右肩甲骨の限界点よりも、もっと浅い地点をポジションＴとしている感覚がある。

　少なくとも、オーバースイング傾向の強かった、私や私の周りのアベレージゴルファーの方々にとっては、このポジションＴをトップの拠りどころに求めた結果、トップの位置が無用に大きくならず、力みの少ないコンパクトなトップが可能となり、オーバースイングの改善と切り返しのタイミング安定に大きく貢献してくれたという認識だ。

　最初はクラブを持った途端に、肩甲骨を意識することが難しくなるかもしれない。その場合はもう一度、目をつぶってでも、あるいはクラブを持たずに和太鼓やハンマー動作を思い出しながら、イメージトレーニングに立ち返って肩甲骨の動きを再確認しよう。大切なことはトップの大きさや形ではなく、あくまで正確に肩甲骨が先行して始動できるかどうかなのだ。

✓ 無駄に大きなテークバックでは先行始動が困難

　バックスイングにおいて、ポジションＴを越えてグリップやクラブを無用に大きく、あるいは途中から加速して上げてしまえば、正確なポジションＴをみすみす逃していることになるだろう。多くは力任せに振り下ろす結果ともなり、まぐれ当たり的な確率はあり得るかもしれないが、ポジションＴからの正確な先行始動をしたくともできることはなく、たわみやしなりとは縁の遠いスイングにしかならない（図3-7）。

　これが一般に、アマチュアほどテークバックが無駄に大きい割に、たわみやしなりの全くないスイングで、結果も非力なものとなるのに対して、プロ・上級者ほど、テークバックが意外に浅くとも、正確な肩甲骨先行始動によって、再現性高く十分にしなりも得られ、力強い結果をもたらすスイングとなる理由だとしていいだろう。

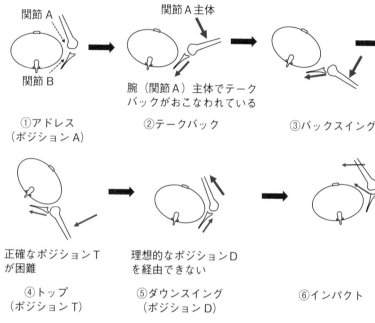

関節Ａ

関節Ａ主体

関節Ｂ

腕（関節Ａ）主体でテークバックがおこなわれている

①アドレス
（ポジションＡ）

②テークバック

③バックスイング

正確なポジションＴ
が困難

理想的なポジションＤ
を経由できない

④トップ
（ポジションＴ）

⑤ダウンスイング
（ポジションＤ）

⑥インパクト

図3-7　肩甲骨先行始動ができていないスイングのイメージ図

　特にわれわれ中高年のアマチュアにおいては、手や腕を大きく動かそうとしたオーバースイングでは、好ましいポジションＴを大きく越えてしまっており、その場合は手や腕を戻す動きも余分に必要となる。肩甲骨だけを戻す場合と比較して、ポジションＴからの安定した肩甲骨の先行始動を実現できることはなく、オーバースイングを否定

してきた前項までの流れをさらに裏付けることにもなる。当然、年配の方ほど若年者より肩甲骨の柔軟性が低下している分だけ、コンパクトなトップとなり、シニアのトップアマチュアといった方ほど、トップが浅くともそれぞれ切り返しでベストで正確なポジションTからの肩甲骨の先行始動を確実に実践しているはずだ。

　年齢層による肩甲骨可動域の差の存在をここまで明言すると、おそらく誰でも若者と同様な肩甲骨可動域の大きさを求めてしまうかもしれない。しかし、整形外科医の立場から明確にお断りしておこう。中高年では可動域を強引に求めてはならない。柔軟性の低下したわれわれ中高年では、ジュニアや若手プロと同様に大きなスイングは困難で、後述するが、現状を無視して過度な可動域を求めることは、よい結果が得られないばかりか、逆に何らかの身体障害までも招きやすく、その後のゴルフ人生・スポーツライフに多大な悪影響を招きかねない。十分な準備運動・柔軟体操をしたうえで、あくまで無理のない可能な範囲でのパフォーマンスを求めるべきであって、ジュニアや若者と同じスイングを求めるべきではない。

　一アマチュアゴルファーの私が、ゴルフスイングでの切り返し時の肩甲骨先行始動の重要性とともに、実践するための「ドリル」を私なりに述べてきた。多くの諸先輩・ゴ

ルフ関係者・指導者の方々には当然、疑問視されるであろうことも重々承知している。おこがましいのだが、肩甲骨および周辺筋の持つ機能的重要性を明確に提示するためにも、この先もためらうことなく、「身体のつくりから見て理にかなった使い方」を求めて、秘境開拓者の立場で私なりに引き続き話を進めていこう。

　次が、第3部の私の話の中でもっとも重要だ。なぜ、ゴルフスイングを含めてスポーツ動作において、どれほど肩甲骨先行始動が重要で、どうしてパワフルさを生んでくれるのか？　私なりに考えた、できるだけわかりやすいメカニズムを紹介しよう。

⑦　肩甲骨先行始動がパワフルさを生むメカニズムとは？

　ダウンスイングでは、ポジションＴからの切り返しで、腕やグリップではなく、ハンマー動作と同じく、まずは右肩甲骨だけを下方、そしてやや前内方のポジションＤ方向へ向けて戻す動きからスタートだ（120頁図3-5、128頁図3-6）。

　その際、約束どおり肩甲骨を下方に動かすだけであれば、肘や手がいわゆる前へ突っ込むことはないはずだ。肩甲骨からではなく、腕・肘や器用な手先から戻してしまえば、関節Ａ主体に動かされ、肘も使われ、俗にいう手打ちや打ち急ぎとなったり、見た目に右腕も右肩も前へ突っ込んで、軌道も大きく狂い、いわゆるキャスティング（手首が早くほどけること）といったタメのない動きとなってしまう（136頁図3-7）。

　これはよく指導されていることなので、理解しやすいと思う。第１部で、ヒトの身体を構成する筋群はほとんどが二関節筋であることを述べた。腕を使ってクラブを動かそうとすれば、肘も伸ばされ、関節Ａや手関節などの隣接する関節も一緒に動かされてしまうものなのだ。ここではハンマー動作と同じリズム・タイミングを求めつつ、まず肩甲骨だけを先行始動させるのだが、私は和太鼓やハンマー

動作をイメージして、ポジションTからの肩甲骨先行始動を心がけている。

　そしてダウンスイングで、肩甲骨は途中、ポジションDを経由する。肩甲骨だけの動きであってもポジションDとして、右肘・上腕が胸の前のアドレス近くに下りてきている（120頁図3-5）。つまり、肩甲骨の可動域だけで、肩関節（関節A）・肘関節を動かさなくとも、すでに右腕全体がグリップも含めて大きく動かされ、右肘は右胸の正面近くのインパクトの直前付近までほぼ下りてきてくれていることが確認できるだろう。

　このように、ダウンスイング前半の大半の動きは、実は肩甲骨の動きだけでほぼ可能だ。肩甲骨の可動域が大きい若者ほどこの傾向が明確にあり、中高年以降では次第におこない難いものとなるのはやむを得ない。

✍力強さを発揮するためのメカニズムについて

　ここで、肩甲骨先行始動によって腕をしならせることでどうしてパフォーマンス向上につながるのか？　という点について、私が導きひねり出したメカニズムを紹介してみよう。この部位は人智の及ばぬ部位でもあり、お断りしておくが、私個人が知恵を絞ってようやくひねり出したものに過ぎない。もちろんエビデンスもないし、客観的な証明など全くできていないので、そこを了解していただいたう

えで、説明を加えてみよう。

　第2部で、ヒトの腕が、もっとも力強さを発揮できる使い方をいくつか紹介し、その中で例えば重量物等を押す、引く等の動作時、いわゆる脇をしっかり締めるようにして身体の正面で腕を力強く発揮させていることも述べた。これが、力仕事をする際のもっとも基本的なヒト腕を含めた身体の使い方である。実際に力仕事をおこなう際、身体の正面で構えて、腕をもっとも最大に力強く使えるように、個人それぞれが腕や肩甲骨の理想的な位置を探って調整しているはずだ。体幹や下半身の力も必要に応じ参加させつつおこない、勢いよく力強く使えば、自身と同じ体格程度の相手なら持ち上げて支えることも、あるいは突き飛ばすことも可能となる。

　ここで、例えば学校の正門のような重い鉄のトビラを右から左へ開く場面をイメージしてみよう。もっともパワフルにその人なりの筋力を発揮しうる右肩甲骨の位置を「ポジションW」（写真3-8a）とすると、誰でも作業直前に肩甲骨や腕の理想的なベストの

写真3-8a　重い扉を開けていく際のポジションW

位置であるポジションWを調整するかのように求めたうえでおこなっており、その人なりのベストの位置でなければ、思うような最大の力強さは発揮できないはずだ。ポジションWとゴルフスイングにおけるポジションD（写真3-8 b）とは、静的・動的の違いもあり、全く同じではないが、空間的には相当近い位置であると見ていいだろう。

　動的な動きの中で力強さを要求される多くのスポーツ動作においても、静的な場合と同様に、可能な限りその人なりのベストな位置や環境を求めておこなうことが好ましいと考えていいのではないか？　つまりダウンスイングという激しい動きの途中においても、下りてくる腕やクラブの速さも重要だが、それよりもそれぞれがポジションWとほぼ同等、または類似の状況・環境下でポジションDを迎えられるかどうか。それが可能であれば、その人なりの最大のパフォーマンスをインパクトで発揮できると見ていいだろう。

写真3-8b　ゴルフスイングにおけるポジションD

　実際のスイングではクラブの負荷がある分だけ、肘から
先は遅れてしまうのだが、筋伸展反射も活用しつつ、ポジ
ションWと同等な状況であるほど、力強く使えることにな
る。つまり理想的なポジションDを経由することが重要で、
そのような状況を満たしてこそ、ようやくスイング動作で
は軽く振ってもその人なりにボールがもっともよく飛ぶこ
とになる。いわゆる運動神経やセンスがよいと評価されて
いる方々では、容易にそのような理想的なポジションD
を経由してプレーすることができているからだと、私は見
ている。

　われわれ一般アマチュアも、それぞれが理想的なポジ
ションDを追求する努力を積み重ねる必要があるが、一
朝一夕とはいかず、長年の積み重ね、つまり修練といった
ものが必要となるだろう。よく、できるだけゆっくりと距
離を落としたスイング練習が勧められたり、また第1部で
も紹介したハーフスイングの練習も、それらはいずれもポ
ジションW相当の中身を求めて、その人なりの理想的な
ポジションDを確実に会得するための指導でもあるのだ
ろう。少なくとも、以前の私もそうだったのだが、「力の
抜きどころ」のない、力任せにガムシャラに振り回し、強
いオーバースイングを続けている限りは、上級者と類似の
理想的なポジションDにたどり着くことは難しい。

「力の抜きどころ」を守り、ダウンスイング開始時に肩甲
骨先行始動が実践できれば、ポジションDをより確実に

安定して理想的な位置に求めやすくなると見ていいはずで、ポジションTからの正確な肩甲骨先行始動　→　ポジションDで、より理想的な肩甲骨の位置へ　→　安定したパワフルさをインパクトで発揮できて、さらなるパフォーマンス向上、といった好ましい流れが容易に考えられる。つまり、ポジションDからインパクトにおいては、ヘッドスピードだけではなく、それ以上に、ポジションWと同等あるいは相当の理想的なポジションDを経由できるかどうかが重要だったのだ。よく「右足の前にボールがあるつもりで打て」とか、クラブヘッドが常に胸の前に位置させたり、両腕で形成される三角形の保持を勧めるような指導のいずれもが同じ目的だったと私は見ている。あくまでその人なりの理想的なポジションDを経由してこそ、ミート率の向上にも通じて、軽く振ってもよく飛ぶ結果となるのだろう。

　もちろん、肩甲骨の前方への柔軟性が高い若年者ほど、理想的なポジションDを会得しやすいことは当然で、彼らではインパクトだけではなく、以降のフォロースイングにおいても力強さを発揮できて、さらに大きなフィニッシュもとれることもすでに第2部で述べたとおりだ（97頁図2-6）。

　これが、やや強引かもしれないが、第3部で掲げてきた、投球動作やハンマー動作と同じく、ゴルフスイングでも、

なぜ腕をしならせるのか？　なぜ、しならせる使い方がパフォーマンス向上に結びつくのか？　といった問いに対する私が導いてきた現時点での答だ。肩甲骨を先行させる動きが腕をしならせる使い方となり、一連のスイングの途中においても、個人それぞれがもっとも力強く使える理想的なポジションＤへと、肩甲骨を正確に移動させやすくなり、結果、インパクト付近でのパフォーマンスの向上につながるという理屈だ。

　さらに、ハンマー動作でも述べてきたように、腕の振り下ろしの動きを、わずかに肩甲骨より遅らせることにより、筋伸展反射も生じさせて筋出力をより増幅させているのだろう。よく、「インパクトの瞬間に手元を止めろ」という指導もあるが、理想的な肩甲骨の位置を調整するための準備時間の必要性や、手先の無駄な動きを制限した感覚を、プレーヤーなりに表現したものであろうと私は見ている。

　対して、柔軟性がたとえ大きくとも、ポジションＤでの肩甲骨の位置が不良であれば、いくら力強く振り回そうと意図したところで、思うようにはボールに力強さを伝えられず、結果は残念なものとなってしまうことも容易に推測できる。ミート率を上げていくためにも、この理想的なポジションＤを求めて経由させることが重要だったのだ。もちろん、肩甲骨がいくら大きく動き、そして力強く使えている上級者であっても、本人達には肩甲骨の動きも、そして実際に働いている感覚も正確に認識できることはない。

通常はすべてが手先などの感覚のわかりやすい部位での手応えとして感じていることになる。

　野球のバッティングでも同様だろう。小柄なプレーヤーであっても、高打率を発揮できる打者では、どのコースや高さであってもダウンスイング途中において、理想的な位置に肩甲骨をセットしつつスイングできており、バットのヘッドスピードがさほど速くなくとも、バットがボールに当たりさえすれば、当たり負けすることなく軽く振ってもよく飛ばせることになる。対して、大柄で腕力もあるはずの打者でも、肩甲骨が理想的な位置に安定してセットできていなければ、力任せに速く振り回してみたところで、たとえボールがバットの芯に当たろうとも、持てる本来の力強さをボールに伝えることができず、結果は意外に詰まった当たり損ねになりがちだ。動的な動きにおいても、静的な場合と同様に理想的な肩甲骨の位置にセットできているかどうかが真に重要だったのだ。

8 上級者たちには共通した肩甲骨の使い方があった！

　腕のしなりと力強さに関して持論を述べてきたが、しならせる使い方が、どのように力強さ・パワフルさに結びついていくのか？　という命題に対する私のひねり出した答はいかがだっただろうか？

　肩甲骨先行始動に関する指導に話を戻そう。

　運動連鎖という立場からは、ダウンスイングでまず肩甲骨（関節B）が先行して使えれば、この動きだけで、グリップを含め腕全体がほぼ右胸の前付近まで下りてきてくれる。私には、世界の多くのトッププロでは、動かせる肩甲骨の速さもあり、ヘッドスピードが速いのはもちろんだが、肩甲骨先行でダウンスイングを開始し、ポジションWの中身に近い理想的なポジションDを経由させていることで、自覚なくともそれぞれが安定したパワフルさをインパクト以降で発揮しているものと見える。たとえどんなに変則なフォームであっても、それぞれのリズム・タイミングで彼らなりに、再現性高く、腕や手の動きに先んじて、肩甲骨の先行始動が確実に実践できているはずだ。

　上級者同士の指導における、「トップの位置での右肘の形を維持したまま右腰の前を通過するように下ろせ」あるいは「右肘を絞るかのように右上腕・右肘を引きつけろ」

といった言い方も、腕の土台の肩甲骨先行始動そのものを表したものと見ていい。中には胸の動きを勧めたり、さらには鎖骨をしっかり動かせといったものやグリップエンドをボールにぶつけるような指導もある。これらもみな、ダウンスイング開始時に、手先ではなく、使っている感覚がなくとも肩甲骨をより主体に使わせ、理想的なポジションDを求めるためのものだったと見てよいだろう。切り返しにおいて右肩甲骨の動きを先行させるのだが、たとえこの部位を十分に使いこなせていようとも、肩甲骨の動きは外見からはわかりにくく、しかも誰にも自覚できないために、見た目にわかりやすい右肘や鎖骨、そして胸の位置や動きを拠りどころとしているためだ。

🖋 肩甲骨先行始動とハンドファースト・タメとの関係

また、インパクト時に、グリップがボールの位置よりも前にある（ハンドファースト）ことが好ましいとされている。ダウンスイングで肩甲骨（関節B）から先行して大きく使えれば、肩甲骨の動きだけでグリップの位置もかなり下りてきている。その後のインパクト付近から、右肘を伸展しつつ手関節・グリップが返っていくことで、ボールを押し込むかのような動きとなり、結果はより力強さの増したボールが打ち出されていくことになる。

　第1部の最初に、ヒトの筋はどれも皆、隣接する関節を二つ以上またいでいる二関節筋であると説明したが、通常、肘を動かそうとすれば、手首もほぼ同時に動かされてしまう。もし、ダウンスイングで肩甲骨の動きだけでなく、右肘を積極的に伸ばしつつ振り下ろせば、必ず右手首や関節Aの動きも生じてしまい、ポジションDの相当手前で手首が返され、結果、理想的なポジションDを経由できず、タメも保たれることはなく、ハンドファーストも守られることはない。ダウンスイングの早期に右肘を伸ばそうとするだけで、否応なしにタメは開放されてしまい、理想的なポジションDを得られないだけではなく、必ずタメもないスイングになってしまうのだ。

　つまり、肩甲骨が先行始動することで、肘や手の動きが少なくすみ、タメが保たれやすくなるということだ。言い換えれば、深いタメをつくり、ハンドファーストを実践するためにも、ダウンスイング開始時の肩甲骨先行始動が必要なのだ。その後、理想的なポジションDを経由しつつ、インパクト付近から、自然に遠心力や慣性力も加わって肘が伸ばされつつ、ハンドファーストが可能となって、より力強さの増したボールが打ち出されていくことになる。

　さらに私個人的には、左肩甲骨の前方への可動性が落ちてしまっており、トップの位置で左肘がどうしても曲がってしまう。そしてダウンスイング以降、曲がっていた左肘を伸ばそうとすれば、同時に右肘も伸びてしまい、タメも

一緒に開放されてしまう。そのため、いっそのこと左肘は
ダウンスイングでもあえて曲がったまま伸ばし切ることな
く、右肘も曲がったまま、重力・遠心力に任せ、両腕を弾
みよく振る程度の感覚だ。

　両肘を無理に伸ばし切ってまで使おうとしないことで、
結果、もっとも重要な肩甲骨先行始動を実践しつつ、私な
りの理想的なポジションD、そしてタメやハンドファース
トもより保ちやすくなるという実感だ。また、クラブがよ
り身体の近くを通る分だけ、負荷も少なく感じられ、手が
身体に近いほど自然にフィニッシュまで振れる印象もある
ため、必ずしも肘は伸び切る必要はなく身体の近くに手を
通せ、といった指導に通じていると私は見ている。

　重ねて述べるが、ダウンスイングでの右肘の位置移動に
関しては、肩甲骨の柔軟性の高い方が有利であり、肩甲骨
の可動域が低下してしまった中高年では、若年者と同程度
に実行することは難しいはずだ。われわれ中高年が肘の形
や動きだけを誇張して強調し過ぎると、肩甲骨の動きが低
下している分だけ、余分な他の動きが無駄におこなわれる
ことにもなり、もっとも基本であるスイングのリズム・タ
イミングも含めてさまざまに悪影響を招いてしまうものと
私は見ているのだが、この辺はまだまだ検討課題があるだ
ろう。

✎肩甲骨先行始動とその他の指導

　また、右サイドの腕の使い方を強調するような指導や、「ダウンスイング開始時にクラブヘッドの重さを感じつつ腕の自然落下」といった表現、そして「頚と肩を切り離せ」とか、「軌道を浅く（シャロー）にクラブを寝かせて振れ」といった、指導のいずれもが、やはり肩甲骨の動かし方・使い方を表現したものであり、ダウンスイング開始時の右肩甲骨の先行始動を積極的におこなわせる目的の表現だろう。特にシャロースイングは、より肩甲骨可動域の大きい若者に向いており、正確なトップ、すなわちポジションＴからの肩甲骨の先行始動があってこそ可能だと私は見ているが、異論のある方もおられるかもしれない。

　さらに、身体の捻転に関する表現だが、上半身と下半身の捻転差を強調したり、いわゆる「腰を切れ」とか、膝の動きや下半身リード、またダウンスイング時に「股関節を屈めろ」とか、「お辞儀をするかのように振り下ろせ」という指導もある。これらのいずれの指導も、肩甲骨と胸郭・骨盤・下半身との動きを切り離して肩甲骨の可動域を最大限に先行して使おうとするものだ。胸郭（体幹および骨盤・下半身）側をより先に移動させることで、肩甲骨・胸郭間の筋群（関節Ｂ）を、さらにわずかでも伸張させ、筋伸展反射を強く引き出し、この部位の筋出力を高めつつ肩甲骨先行始動をおこなわせるためのものだと見ていいだ

ろう。

　特にジュニアによく見られる、全身を使って上半身を大きく沈めて弾むようなスイングも、もともと大きく動かせる肩甲骨に、さらに大きな動きをより勢いよくおこなわせようとするためのものだ。胸郭や骨盤側を先に移動させ、肩甲骨との間の筋群（関節B）をより伸展させて、筋伸展反射までも最大限に発揮させる目的であり、柔軟性の高いジュニアならではのスイングと言える。

　また、床反力を強調するような指導も、しっかり下半身を踏み込んで、骨盤・胸郭側を安定化させることで、ポジションWと同様に体幹・下半身を参加させると同時に、ポジションDでの肩甲骨周辺筋の働きを高めて働かせるためのものだと見ていいだろう。

9 肩甲骨先行始動のまとめ

いかがだっただろう？　科学的な証明など私にはできないが、この第3部では、腕をムチのようにたわませ、しならせる使い方が、ヒト本来の理想的な腕の使い方であるとして、肩甲骨先行始動に着目して話を進めてきた。

腕をしならせるには、ダウンスイング開始時の肩甲骨先行始動が必須であり、どうしてしならせる使い方が力強さにつながっていくのか？　という問いに対しては、日常生活で力強さを最大に発揮しうるポジションWの中身にできるだけ近づけた、より理想的なポジションDに肩甲骨を経由しやすくなり、筋伸展反射の活用、そしてタメを保ちつつ、ハンドファーストも実行しやすくなって、インパクトでそれぞれなりのベストの力強さを発揮させやすいから、というのが今の私の答だ。

指導者によってこだわる部位や内容がさまざまに異なっていようとも、多くの教えや指導のいずれもが、切り返し時に正確なポジションTから肩甲骨を先行させ、途中に理想的なポジションDを求めて経由させることで、そのプレーヤーなりのベストのパワフルさを安定して発揮させようとするものだったと見ていいだろう。

私の周りにも「上げて下ろすだけ」という言葉で表現す

る上級者が多くおられるが、彼らでは、自覚はできていなくとも、ここまで述べてきた先行始動によって肩甲骨にしっかり仕事をさせることで、ハンマー動作や和太鼓と同様に軽く振ってもよく飛ぶという感覚が得られているのだろう。

　そして「ゆっくり振った方がよく飛ぶ」といった表現も、動きが見た目にわかりやすい手先の動きを優先させず、まずはそれぞれの可能な速さで肩甲骨の先行始動を勧めたものだったということになる。さらに「インパクトではアドレスの位置に戻すだけ」といった指導も、テークバックからダウンスイングまでのほとんどの動きが肩甲骨の動き主体でまかなえることを意図したものだったと私は見ている。

　下半身主体の指導も、「下半身リード」といった言葉どおり、あくまで上半身の機能や役割、正確性を引き出し高めるためのものだ。上半身がデタラメであれば、下半身で挽回できるはずもない。

　また、いわゆるベタ足といった、極力無用の動きを制限して下半身の安定性を強調したものも勧められるが、あくまでクラブを握って、振る腕そして肩甲骨を生かすためのもののはずで、特に肩甲骨の可動域が十分に保たれた若年者向きの指導であると私は見ている。下半身を大きく動かして最大限活用したり、ベタ足といった、一見逆の表現であっても、いずれもがその人なりに肩甲骨の柔軟性や周辺筋に合わせ、理想的なポジションＤを求めるため、さまざ

まな下半身の使い方やリードの仕方があってよいのだ。

　私は19年前の前著で、スイング後半のインパクト付近での、主に左肩甲骨および周辺筋の力強さとして、この部位の機能的重要性をハード面から述べた。今回は第1部で、スイング前半に「力の抜きどころ」をつくりだすことが上級者のリズム・タイミングに通じること、上達のスピードを高めてくれること、そしてこの第3部で、ダウンスイング開始時の右肩甲骨先行始動が腕をしならせる動きとなり、ヒト本来のパワフルさを発揮する上で重要なカギを握っているとして、そのメカニズムやソフト面について紹介させていただいた（今回は右肩甲骨のみにこだわった展開だが、左肩甲骨も類似のメカニズムがあり、「頚と肩を切り離せ」といった指導につながるのだろうが、今後の検討課題とさせていただこう）。

　以上が、見た目のグリップやクラブの軌道には全くこだわっていないものの、腕をムチのようにたわませ、しならせつつパワフルさを発揮させるための、肩甲骨始動によるスイングの概要であり、肩甲骨の先行始動さえしっかりできていれば、いわゆる手打ちとは縁遠いスイングになるはずだ。

　余談だが、四足哺乳動物では鎖骨が消失しており、肩甲

骨先行始動で周辺筋を常時最大に使って前脚で走り回っていたのだ。幼い子供たちでは、鎖骨はあっても、肩甲骨の柔軟性への影響は大人と比べてわずかであり、生活でも遊びでも、四足哺乳動物と同じように、常に腕全体を肩甲骨から使っており、そのためスポーツなどでは小手先の使い方のつもりであっても自然に肩甲骨先行始動を習熟しやすいものと見ていい。この肩甲骨先行始動こそ、哺乳類に共通したヒト腕本来のつくりから見て最大に力強さを発揮させるための理にかなった、もっとも基本的な使い方なのだ。

　さまざまなドリルを勧める指導者にとっても、これまでの指導や練習が意図するものや、身体のつくりから見た意義や理屈を知ることは、きっと無駄ではないと思う。

　現実問題として、練習中はともかく実際のラウンド中は、感覚の乏しい肩甲骨に意識してこだわり続けられるものでもない。しかし、子供時代のメンコ遊びやコマ回し、そして和太鼓や布団たたきと同じ理屈で、慣れればいつの間にか単に腕や手の感覚だけで、特に意識せずとも肩甲骨先行始動からの一連の正確でよどみなく滑らかな動きが可能となるだろう。正しい練習を地道に積み重ねることによって、無意識であっても正確な肩甲骨の先行始動、そして理想的なポジションDで働かせることができ、再現性高く、効率よく、安定したインパクトを発揮できるものと私は思う。つまり、投球動作やハンマー動作、メンコ遊びと同様、ま

ずは正確な肩甲骨の先行始動を無意識のレベルで安定して繰り返しおこなえることが、上級者レベルへの一つの目安と考えていいだろう。

　老若男女にかかわらず上級者ほど、また小柄な体格の割によく飛ばせる者ほど、意識せずとも本人なりのさまざまな方法や感覚で、すでに精度高く、肩甲骨の先行始動ができているはずで、彼らも日頃はさらなる向上を目的に、次なる課題に個人各々が努力しているのだろう。また、たとえ多少のブランクが生じた場合でも、すでに身に染み付いたものとして、よほど可動域が低下していない限りは、正確な肩甲骨先行始動を容易に再現できるのだろう。

　私個人的には、第1部で述べた「力の抜きどころ」を守り、ハンマー動作や和太鼓をイメージしつつ、スムーズな軌道を心がけ、アドレス時に、ポジションWでの下半身をしっかりイメージしておき、弾みよいスイングに努める程度の感覚だ。すでに、可能な肩甲骨可動域が相当低下しており、60代半ばの自分の動画では、いくら肩甲骨始動に努めたところで、片手の動作と異なり、見た目に腕のしなりを感じとれることはもはない。多くの中高年の方々も同様だろう。しかし、見た目のしなりはなくとも、正確なポジションTから、可能な程度に肩甲骨先行始動を意識し、やや遅れた腕の動きによる筋群の張りも感じつつ、ポジションD以降でもっとも力強く肩甲骨や腕を使える

状態を再現することだけを目標に、肩甲骨先行始動を決して誇張し過ぎないように努めることだろう。

　野球のバッティングでも同様だとすでに述べたが、さらにはテニス、卓球その他多くのスポーツのトップレベルのプレーヤーほど、本人たちは無自覚であっても、同様の肩甲骨先行始動が十分にできているものと見ていいだろう。
　また、腕をしならせる使い方の代表である投球動作だが、これも第2部で述べたように、ゼロポジションを守り、肩甲骨を先行始動させつつ腕をしならせ、途中にポジションＷやＤに相当する理想的な類似点を求めつつ腕をしっかり振り、関節Ｂに関わる筋群を安定して最大限に使い、体幹から各部の筋伸展反射までも最大活用して力強く投げ込んでいるのだろう。もちろん下半身のリードも非常に重要だ。テニスのサーブも、そして私が経験してきたバレーボールのスパイクといった、腕を大きく振り上げ、そして振り下ろす動作も全く同じであると考えている。

⑩ 肩甲骨始動、実践時の注意事項

　大切なことは、あくまでその人なりの「力の抜きどころ」を守り、誇張し過ぎることなくポジションTから正確に可能な肩甲骨先行始動をおこない、理想的なポジションDを求め、安定したインパクトが可能なリズム・タイミングを会得することであり、日頃からこれらを求め続ける姿勢が重要なのだ（128頁図3-6）。

　以前の私のように最初からオーバースイングが強過ぎたり、前半の「力の抜きどころ」のない力んだスイングでは、ダウンスイング開始時の切り返しでのポジションTからの正確な肩甲骨の先行始動が実行できるはずもなく、もちろん理想的なポジションDを経由もできず、残念な結果となってしまう（136頁図3-7）。

　加齢とともに次第に実行しづらくなるのは仕方がない。われわれ中高年では、若者たちとは異なり、肩甲骨を大きく動かして彼らと同様に使いこなすことなど、もはや難しいのが現状だ。激しいダンスパフォーマンスも肩甲骨先行始動を伴ってこそであり、若い彼らにとっては容易であっても、われわれ中高年ではもはや真似ることができないのと同じ理屈で、見た目が若者たちと同一のスイングを求めることなど不可能と言ってよく、無理のない範囲にとどめ

る程度でいいと私は思う。

　肩甲骨および周辺筋は、これまで、中高年では特に外見からもわかりにくく、誰にも明確に自覚・認識できなかった部位だ。今まで全く意識もせず、使えていなかった方々にとっては、思い切った意識革命が必要となり、最初は面倒でかなり難しいだろう。もちろん現状で十分に満足されている方々にとっては無用の話かもしれない。第3章の最初で、多少の挫折にくじけることなく上達を求めて、現状を打破してやり遂げようとする熱意と集中力、および常識を疑う勇気と遊び心、さらに素直さ、謙虚さとともに、いくつかの約束事を守る必要があると、第3部の最初にお断りしたとおりだ。

　逆に肩甲骨ばかりに意識や注意がいっては、誇張し過ぎたり、また下半身を含めて他の部位が緩んだり、ないがしろになったりして、多少以上の壁や挫折も経験するだろう。その場合は、一歩、二歩下がってイメージトレーニングを繰り返す必要がある。人智の及ばぬ部位ゆえに、上達への道のりも一筋縄とはいかない場合もあるのだ。

　われわれ中高年では、若年層と比較して動かせる大きさとともにスムーズな肩甲骨の動きも制限されており、肩甲骨の先行始動を無理に強調し過ぎれば、本来の理想的なリズム・タイミングが損なわれてしまう可能性もあり、肩甲骨に対する意識を過度には誇張し過ぎないよう、第1部で

述べてきた「力の抜きどころ」をしっかり守ったうえでおこなうべきだろう。

　繰り返すが、アドレスでポジションＷでの下半身をイメージし、正確なポジションＴから、理想的なポジションＤを求めて経由し、脇を締めつつ、軸を守り、しっかり弾みよく振っていくという方向性に加えて、それぞれの人なりの微調整は必要ではあろうが、肩甲骨先行始動もおこなえて、かつ現時点の体力・筋力を十分に反映しうる程度の安定したインパクトを迎えるパフォーマンスは可能と見ているのだが……。

　また、誰しもできるだけ上達を早めようと、数を多く打ちたくなるものだ。質・量ともにある程度は密度の高い練習をせねば、上達するものでないのはもちろんだが、私も周りの上級者からは、「たくさん打つ必要はない」とよく指導される。

　確かに、上達するほどに一球一球の中身が問題となる。プロや上級者では精度の高さや厳密なさじ加減も要求され、さまざまな細かいチェックポイントを確認しつつ、質だけではなく量についても中身の濃い練習を積み重ねる必要があるのだろう。しかし、一般成人のアマチュアレベルでは、ここまで述べてきたように、真似るべきテーマはまずはスイング前半の「力の抜きどころ」を守り、さらにその人なりの理想的なポジションＤを求めて、後半に力感を集中

させたスイングを会得することだ。

　丁寧に素振りをしながら、イメージを膨らませつつ、力の抜きどころや自分なりの注意点をしっかり意識し、場合によってはクラブを一度手離して、持たずに素振りをし、イメージの再確認を繰り返すぐらいがいいと思う。「打ったあと、ボールが落下するまでフィニッシュでの姿勢をキープしておけ」との指導をされたこともあった。時には合間に目をつぶってでもイメージを重視して、自分なりに各部のチェックをおこなうこともありだろう。

　一つ一つを丁寧におこなうことが、おそらくメンタルの強化にもつながるかとも思うし、数を打って自信をつけたいだろうが、われわれシニア世代では、当然だがジュニアのように、数をこなすようなフルスイング練習は、障害予防のためにも勧められるべきではない。

名プレーヤー必ずしも……。記憶 に残らない肩甲骨が重要だった!!

　身体のつくりに準じて、ヒト腕を効率よくパワフルに使いこなすための「腕のたわみ、しなり」と肩甲骨の関係、筋伸展反射の利用、そしてスイング途中の肩甲骨のポジション等について長々と述べてきたが、人智の及ばぬこの部位をテーマにした今回の仮説を、おおよそでも理解していただけただろうか？

　どんなスポーツでも、どんなに卓越したプレーヤーであっても、ヒトである限り、誰もが手や腕とは異なり、肩甲骨の動きは決して明確には感じとることができないという宿命にある。たとえトッププレーヤーとなって、どれほどこの部位を上手く使ってプレーできていたとしても、彼らの頭の中にはグリップやリスト、そして肘や腕の手応え、その他下半身も含めて見た目にもわかりやすい、より明確に本人たちが感じとれる部位の記憶・感覚だけが強く残り、肩甲骨の記憶はあやふやな頼りない程度にしか残っていない。したがって、日頃の練習においてもより感覚の鋭い部位の動き（例えばスナップを利かす、返すなど）や、外見からわかりやすく評価しやすい身体各部や、クラブやバットの動き等を頼りに練習を繰り返すしかなかったのだ。

　そして、手や腕を強く意識してしっかり使おうとすれば

するほどに、肩甲骨に対する感覚は彼らの意識から遠ざかって薄くなり、容易に吹き飛んで、そのまま彼らの意識や記憶からも消え去ってしまっていたことになる。

　大抵のプレーヤーにとっては気づくことさえも難しいのだが、もし本人たちがこの部位の重要性を朧げながらでも気づき、たとえしっかり理想的に使っていたとしても、いざ言及しようと努めてみたところで、この部位を具体的に表現できる術はなく、他人に伝えようにも彼らの口からこの部位に関するコメントを出せることもなく、結局は本人自身が強く感じる部位や見た目のわかりやすい動きの表現に終始するしかなかったのだ。

　もしスランプに陥っても、肩甲骨は自覚することも、こだわることも困難な部位ゆえに、小手先の調整だけでは修正・脱出にも手間取り、時にはそのまま脱出不能となっていたのだろう。また、手や腕の「力み」も、肩甲骨および周辺筋のさらなる無用な力みを招き、必要な肩甲骨の動き、そして理想的な先行始動までも妨げていたこともあるだろう。

　その後に彼らが指導者となっても同様、学ぶ側・尋ねる側も然り。より明確で安直な答を求めようとも、この部位は記憶には明確に残せず、また教えられる側も肩甲骨の動きには全くこだわれていないことから、両者間でこの部位に関する共通語もなく、肩甲骨に関わる認識や記憶を共有できることは決してない。したがって、いくら突き詰めて

正解を求めようにも、明快な答が出せることもなく、堂々巡りになっていたと言える。

　指導者はそれぞれが選手時代に自身を培い、築き、経験してきた練習方法に基づき、指導をおこなっていくしかないのだが、もし、この部位の存在や重要性をなんとか認識することのできた名プレーヤーであっても、正確な言葉で表現できることはなく、周りにその重要性を説きたくとも、肩甲骨に関する意識を全く持たない相手には伝わるはずもなく、逆に変人扱いされてしまったりして、指導することの難しさに歯がゆさやジレンマを強く感じて苦しんでいたはずだ。よく言われる「名プレーヤー必ずしも……」という言葉が持つ、非常に深い意味、そして教える難しさを想像していただきたい。人智の及ばぬ部位ゆえに、肩甲骨に関わる具体的な共通語を誰もが見つけられないまま、見た目にもわかりやすい、あるいは感覚の鋭い他の部位の動きや使い方に終始するしかなく、教えを乞う選手達それぞれに合った適切な指導法を探し求めて悩み苦しんで、立ち往生していたのだろう。

　たとえ、この部位に強くこだわろうとしても、結果はせいぜい「ここ」とか「こう」とかの指示語程度、または意味不明な擬態語や擬音語を使わざるを得なかったり、さらには悟りを求めるかのような観念的な表現、あるいは純粋なメンタル面の問題として扱われてしまっていたのもやむを得なかったのだ。プロでも日によってまるで別人のよう

に調子に波があることも、動きを認識・自覚できないこの部位を安定して理想的に使いこなすことの難しさの表れと見ていいだろう。

　そして、各種スポーツに関わる不可思議なその他の指導や謎めいた表現、さらにはさまざまな不可解な現象も、個人の記憶に残ることを決して許さなかった「肩甲骨および周辺筋」を考慮することで多くが説明、そして理解できると私は見ている。今の私にできることは、この部位の存在、そして持てる大きな機能的重要性について、上手さ・強さの本質を求める多くの皆さんに知らしめ、迷路脱出の糸口を紹介させていただくことだ。

12 選手時代の長嶋監督に究極の答が あった！

「肩甲骨および周辺筋」の重要性だが、今から思えば、薄々だが私が気づいたのは、実は医師になるはるか以前の、私が野球を始めた直後の昭和37、8年頃になる。テレビがまだ映りの悪い白黒画像で、私は当時、小学校低学年だった。読売巨人軍の長嶋茂雄終身名誉監督の現役時代、ボテボテの三塁ゴロをダッシュして捕球し、一塁へ送球する一連の特徴的なスローイングは当時、大人でも子供でも、たとえシルエットであっても一目見ただけで誰でもすぐに長嶋だとわかったはずだ。

　今になって言えるのだが、監督の肩甲骨周りの柔軟性は他の誰とも全く違っていた。現在に至るまで数多くの超一流の三塁手がどんなに素晴らしい肩を守備で見せてくれても、現役時代の監督のあの軽やかで美しい一連のパフォーマンスにははるか遠く及ばない。幼かった私も、それだけ監督が最高の素晴らしいプレーヤーだと感じとっていたのだろう。監督の現役時代を知らない、リアルタイムで見たことのない方は是非、あの颯爽とした華麗な監督のスローイングをインターネット動画などで確認していただきたい。あのスローイングこそ、三塁手として肩甲骨の先行始動を最大に生かしたものだったと言っていいと私は思う。

また、伝説となっている、通算400勝の金田正一投手との初対決4打席4三振のシーンをはじめ、ヘルメットが吹っ飛ぶほどの選手、長嶋のすごい空振りも何度も見たものだ。素振りも含め、あの半端ないスイングは、まるでフィギュアスケート選手のスピンのようで、まるでバットもしなっているかのように見え、幼い私の目には、長嶋（の肩甲骨）は特別だと映っていたのだろう。

　もちろん当時はそれが肩甲骨の柔軟性によるものだと理解できていたわけではない。また、監督自身の口から、肩甲骨云々という言葉が出てこなかったのも、やはり仕方がなかったのだ。

　整形外科医となって以降、私が長年追い求めてきた「身体のつくりから見て理にかなった上手さ・強さ」の答を、長嶋監督は、あの誰にも真似のできないパフォーマンスによって、すでに半世紀以上も前からわれわれに一つの見本として指し示してくれていたのだ。

　誰もが強調したくなる見た目の動きや感覚の鋭い手先等の使い方ではなく、たとえ明確に感じとれず、ほとんど記憶に残らなくとも、「肩甲骨および周辺筋」の重要性を他の誰よりも強く明確に正しく認識し、かつ誰よりも理想的に実践できて使いこなせていた長嶋監督だからこそ、指導者となってからも、見た目の動きに惑わされることなく、精一杯われわれに何とか伝えようとしていたのであり、そ

れゆえに、指導においてたとえ周りの人々には意味不明と
なろうとも、擬態語や擬音語を駆使したのもやむを得な
かったのだ。

　繰り返すが、監督がなんとしても伝えたかったことは、
「肩甲骨を積極的に先行して使え」であったと、肩甲骨に
こだわり続けてきた今の私には理解できる。

　私自身が50年以上も前から監督に対して抱いていた熱
く強い思いを、肩甲骨に重ねて語らせていただいた。皆さ
ん方も監督が魅せてくれた数多くの素晴らしいプレー、そ
して当時、自身が心躍らせた気持ちをもう一度思い返して
いただき、運動連鎖として肩甲骨を積極的に先行して使い
こなすことにより、肩甲骨が持つ機能的重要性の真の大き
さを改めて感じとっていただきたい。

　私が導き出した、スポーツにおける上手さ・強さに対す
るもっとも単純な答は、「ヒトの腕においては肩甲骨から
運動連鎖を開始させ、肩甲骨周辺筋がもっとも力強さを発
揮できる位置に肩甲骨を経由させて使え」というものと
なった。これをSPAT（肩甲骨先行動作理論：Scapula
Preceding Action Theory）と命名してみた。もし監督の
許可をいただけるのであれば、今後は監督のNを加えた
ものを使わせていただきたいと考えている。私が思うに、
現役時代の監督の肩甲骨可動域は、幼い子供たちと同等以
上に大きく保たれていたはずだ。その要因として、私は監

督の少年時代の遊びや生活・野球環境に何か特別な秘密が
隠されているはずだと見てしまうのだが、もし機会をいた
だけるのであれば、是非とも監督に直接お訊きしたいもの
だ。

⑬　肩甲骨の可動域訓練について

　スポーツ動作における肩甲骨および周辺筋に関して、大きな可動域を持ち、かつ上手く使いこなしている理想的な代表として、長嶋監督までも引き合いに出して論じて、「SPAT」と命名した。私自身も、肩甲骨については、より大きな可動域・柔軟性があった方が有利であるとする立場であることは言うまでもない。

　そもそも筋は、その筋繊維が引き伸ばされ、その直後に収縮して縮もうとした瞬間に、筋力を発揮する。単純には、より最大に伸展された瞬間に、筋伸展反射も活用することで、より最大に力を発揮すると考えていいだろう。可動域があるほどにより伸展されることから、発揮しうる力強さもさらに高まることになる。その後は収縮するにつれ、筋繊維が短縮してしまえば、その時点からはもはや中途半端な力しか発揮できなくなる。

　したがって、どの部位であっても柔軟性向上が、そのまま筋繊維がより伸展して、発揮される筋出力がより増え、パフォーマンス向上に通ずる可能性が高いと見ていい。

　ゴルフスイングでは、できるだけ効率よく最大のエネルギーをインパクトでボールに伝えることが要求されている

のだが、スイング前半においてはできるだけロスすること
なく、ダウンスイング後半からインパクトを迎えることが
理想的だ。対して前半でのロスが大きいほど、残された筋
力は著明に低下してしまっており、そのあとにいくら歯を
食いしばって頑張ったところで、インパクトでは非力な結
果しか生まれないことも容易に想像できるだろう。

　本書の第1部で述べた「力の抜きどころ」をつくること
も、リズム・タイミングをスイング後半に集中させること
で、参加する多くの筋群のパワーをダウンスイング後半に
できるだけ残した状況で発揮できることになる。さらに第
3部で述べてきた、「肩甲骨の先行始動」により、腕や手
先の持ちえるパワーをできるだけロス少ないまま、肩甲骨
の動きだけで腕の大きな位置移動が可能となる。そして、
もっとも力強さを発揮しうる理想的な位置であるポジショ
ンDに肩甲骨をセットできていれば、本人なりのベスト
のインパクトを安定して、しかもハンドファーストで迎え
ることが可能となる。また、肩甲骨の前方への可動域が大
きいほど、インパクト以降のフォロースイングにも右腕が
力強く使えるであろうことも述べた。

　ジュニアにおいては、将来を見据えた身体づくりや障害
予防に対する指導が重要だ。目先のパフォーマンスを追い
求めがちだろうが、くれぐれも指導者の方々には、どの種

目であっても、少年少女たちの身体柔軟性の維持向上・身体づくりを念頭に、是非とも丁寧な指導をお願いしたい。私の診療所の近隣の中学や高校では、どうもクラブ活動時の準備運動がかなりいい加減なものになってしまっているようだ。われわれの世代では到底考えられないほど、雑で中身の薄いテキトーなものとなっている感がある。肩甲骨も含めて、身体各部の柔軟性を重視することは、パフォーマンス向上とともに将来の各種障害予防にも通じると思われ、この点に関しては疑問の余地は全くないはずだ。

　成人以降でも柔軟性が重要なのは同様だが、年齢とともに、もはや肩甲骨の可動域の大きな向上は望めないと見られる。脊柱や股関節も含めたいわゆる体幹とも併せて、柔軟性の保持を日々心がけて、欲張ることなく継続的に努めることだ。若年者でも小学生以降ではすでに、どの部位も確実に可動域は少しずつ低下していると考えた方がよく、柔軟性を保持するための日頃の地道な努力は年齢に関わらず、した方がいいし、実行すべきだ。

　現代の日本では全くと言っていいほど、テレビや運動会以外では職場でもお目にかかれなくなったが、ラジオ体操や太極拳等に準じた、身体各部に対する健康体操は、日々、肩甲骨を意識しつつ、全身の柔軟体操として丁寧にできるだけゆっくりと、可能な限り無理のない程度に地道に努めていただきたい。

中高年以降でもスポーツトレーナー等に受動的におこなってもらうのにこしたことはないのだろうが、もはや大きな改善を求めた安直で乱暴な可動域訓練は困難と見られるため、欲張ることなく、同様に日々の積み重ねの継続が重要だ。

　動きの大きさの拡大だけを求めて、強引なストレッチや限界での無理な可動域訓練を強いることは、痛めやすい肩甲上腕関節（関節Ａ）を痛めてしまう可能性が高く、いわゆる四十肩・五十肩といった疾患の他、鎖骨と連結する関節や周辺筋腱損傷に加えて、神経・血管等の障害である頚の神経障害や胸郭出口症候群 *1 といった周辺疾患を招いてしまう可能性もある。これらは一旦発症すれば簡便で決定的な治療法はなく、治療に難渋することも多いため、乱暴な可動域訓練は、私は決してお勧めしない。

　整形外科医である私の立場からは、常に身体に愛護的に、時間をかけて優しく丁寧なストレッチ訓練に徹して日々積み重ねていくべきものであり、現状＋aの保持に努める程度が好ましいと見ている。

＊１　胸郭出口症候群：頚からの神経群および心臓からの動脈が鎖骨の下付近で圧迫され、絞扼されることにより、背中や腕・手に痺れや痛みを生じる病態。握力低下や手指の細かい作業に支障となる場合が多い。

　スポーツにおける方向性としては、現時点での可動域の範囲で、胸郭側の動きも含めて、それぞれ個人なりにベストにこの部位を使いこなしていくべきだ。各種スポーツにおいて、ポジションＴ相当の位置からSPATに準ずるパフォーマンスを実行することが、安定した上級レベルにたどり着く手がかりとなるだろう。

　すでにそれぞれが何十年以上も慣れ親しんで使い続けてきた身体でもあり、まずは今回示したように、中高年の世代では上達を求めるのなら、力の抜きどころを守り、和太鼓やハンマー動作、そして昔の外遊びを是非思い出していただき、可能な範囲で肩甲骨の先行始動に努めつつ、スイング前半より後半に力感を求めることが肝要で、やり過ぎといった体調管理に留意しながら、そのうえで可動域保持を常に心がけて努めるべきであろう。

　一番重要なことは、単なる可動域向上にこだわるのではなく、日々柔軟性の保持に努め、その人なりに身体に無理を強いることなく、できる範囲で使いこなすことだ。医者の立場からは、いくら重要であっても、過度に負荷をかけ続けることは使い傷み以上の障害を招くことになるとお伝えしておく。年配の方々では、障害発症後は治癒に手間取り、その後のゴルフ人生・スポーツライフに悪影響をもたらす危険性が高い。後悔することのないよう、くれぐれも注意が必要だ。

最近ではインターネットで、肩甲骨の可動域改善を目的
とした多くの動画が検索できる。皆さんもどれか一つでも、
自分に合っていると思われるものを選んで、じっくり積み
重ねて実践されることをお勧めする。マエケン体操、そし
て水泳のクロールや背泳ぎのような大きく肩を回す動きに
加え、さらにもし一つだけ、他書にない比較的安全なもの
を私が紹介するとすれば、ラジオ体操の最初の動きと類似
のものになるのだが、できるだけ全身をリラックスさせつ
つ、肩甲骨の動きを大きくするよう意識して腕を動かしつ
つ、深呼吸を丁寧に繰り返し深く長く大きくおこなう動作
だ。真剣に両腕（片腕ずつでもよい）を前方からできるだ
け、背筋を伸ばして真上に上げ、そして大きく外、横へ回
しつつ下ろし、次に身体の前方で、両腕を交叉して胸腔を
目一杯狭めるような、肩回りのストレッチを、姿勢よくで
きるだけゆっくりおこなうことも効果があるだろう。

　吸気も重要だが、呼気時に腕を肩甲骨ごと前方へ回し、
抱え込むように胸郭をできるだけ小さくすることで、胸郭
と肩甲骨間の筋繊維（関節B）を伸張させ、可動域だけで
はなく筋力向上にもつながるとともに、胸郭の周りを肩甲
骨が回りやすくなり、腕のスイングスピード向上にも直結
するという見立てが可能だ。肩甲骨がより前へ回れるほど
に、力強さを発揮できるフォロースイングの範囲が広く
なってくれることも述べてきた（97頁図2-6）。武術系の
指導の多くが、声を出させつつ動作をおこなわせている理

由も、胸郭が縮むことで肩甲骨に関わる動きや筋群の働き
をより高めてくれるからだ。

　さらに、呼気時にいわゆる「丹田*2」を意識することで、
腹筋力向上とともに腰痛予防になり、重心も安定し、吸気
時に丹田を意識すれば腹筋、背筋といったいわゆる体幹筋
力向上にも有効で、もちろん心肺機能向上や姿勢改善、さ
らには座禅にも共通してメンタル強化といったさまざまな
点においても役立つとも考えられる。深呼吸は常日頃心が
けていい所作でもあり、是非ともお勧めしておこう。

＊２　丹田：東洋医学で使われる言葉。下腹部、へその数セン
　　　チ下辺りを指す。自律神経との関連性も指摘され、ここ
　　　を意識して呼吸することで、さまざまな利点が指摘され
　　　ている。

第 4 部

補足

スイングに必要な解剖学的知識

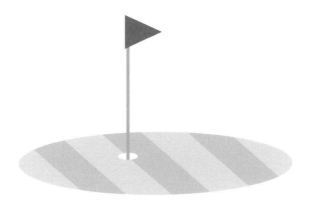

最後に、スイング動作に必要な身体の他部位の基礎知識
について、私の持論を追加紹介させていただこう。

① ゆるゆるグリップが勧められる理由とは？

　すでに第2部において、理想的な肩甲骨の動きを損なわないためにも、「ゆるゆるグリップ」が有効であろうことを述べてきたが、手関節との関連性についても、異なる観点から詳しく論じてみよう。

🖋 手指はそれぞれ異なる仕事を担う

　手指には母指から小指まで5本あるが、私なりに構造上から言えることを紹介しておこう。

　それぞれ本来の仕事には大きな違いがあり、母指には母指の、小指には小指の仕事がある。母指そのものは他の指と比較して結構太い。太い分、力強さが発揮できると思うかもしれないが、実はその逆で、小指側と比較して、意外に非力で不安定で、力仕事には向かないのだ。

　ヒト以外の哺乳動物では原則、手は前脚として、身体の重さを支え、サルではぶら下がり移動を主におこなってきた（ロコモーション機能[*1]）。しかしヒトでは直立二本足歩行が可能となって、上肢はこのロコモーション機能から解放されたことで、手指はヒトならではの器用さ（マニピュレーション機能[*2]）を発揮できるようになり、母指は

示指（人差し指）や中指と向かい合って、つまむ、はさむ、物の性状を調べるといったデリケートな作業ができるようになった。

　母指の繊細で器用な動きを可能にさせたのは、母指の付け根の部分の、手首に近い第1中手・手根関節の進化のおかげだ（図4-1）。X線所見や形からはわかりにくいのだが、この関節の進化によって、ヒト親指は他の指とは異なり、肩・股関節のような三次元のより繊細な動きや高度な作業が可能となり、ヒトの脳にも互いに刺激し合うことで、進化に大きく貢献してきたと見ていいだろう。

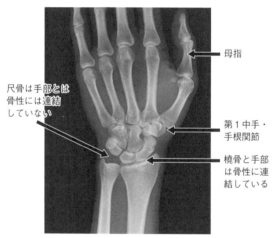

尺骨は手部とは
骨性には連結
していない

母指

第1中手・
手根関節

橈骨と手部
は骨性に連
結している

図4-1　第1中手・手根関節

＊1　ロコモーション機能：身体の位置を移動する機能。ここでは身体の重さを支持し、移動する機能。
＊2　マニピュレーション機能：細かい動きによる繊細な機能。ここでは力強さではなく、ヒトの手指ならではの器用な動きを指す。

　ただ、母指はキメ細かい感覚や動きを担い、もともと器用で繊細な分だけ力強さに欠けており、頑丈とは言えず、使い傷みを招きやすい。実際、母指の使い傷みが女性に多いのも、幼い非力な時分から、家事も含めて、5本全部、特に母指に大きな動きや力強さを伴いつつ、作業を担わせ続けて使い過ぎてきたためだ。

　対して、小指はずっと小さいのだが、中指・環指（薬指）とともに、しっかり握り締めて力強さを発揮するための役割と考えていい。

　中高年以上の女性、特にお祖母さん世代の方々で、母指の付け根に加齢の変化や腱鞘炎が圧倒的に多いのも、女性ホルモンの影響もあるのかもしれないが、力仕事に向かないはずの母指を酷使する傾向があるためだ。もちろん、母指に限らず他の指も含め、腱鞘炎や爪のすぐ下の指先の関節の変形等も併せて、私は「主婦の鑑」と言っていいと思う。対して、昔の幼い男の子たちでは、私もそうだったのだが、小指側中心で、例えば棒を振り回すような遊びを好んでおこなっていたために、自然に母指を使い過ぎない使い方を身につけやすかったのだろうと私は見ている。

✒ 飛ばせる指の握り方とは？

　最近では、高校野球でもプロ野球でも、右利きなら右の母指と示指（人差し指）を使わずにバットを振っているのが観察できる。どうして母指・示指を使わないのかという点だが、先に述べた「力仕事には向かない」という理由の他に、第2部で述べたが、ムダに力んで特に肩甲骨の動きを制限することのないよう、肩甲骨周辺筋の無用の筋収縮を招かないようにするためであろう。さらにもう少し踏み込んで言えば、私は手関節との関連性を指摘したい。それは、スイング動作で求められる必要な手関節の動きを妨げないようにするためだ。

　この点を理解するには、やはり多少の解剖学的知識が必要となる。

　手関節の前腕側は2つの骨、橈骨と尺骨からなっているが、橈骨（親指側）は末梢側で手部全体と骨性にしっかりと連結しているのに対して、尺骨（小指側）は手部と骨性には連結しておらず、手部とは間隙が存在する。この部位には膝の半月板相当の組織があるが、この間隙を狭めるように手部を小指側に倒すことで、手関節を安定させつつ、いわゆるスナップを利かせて、手関節の理想的な大きさの動きとともに力強さを発揮させることができる。

　この際、もし橈骨側を走行する母指・示指への筋腱が強い緊張状態にあれば（図4-2）、手関節の小指側への動き

を妨げることになる。逆に、緊張のない緩んだ状態にして
おくことで、結果、手関節の必要な動きを発揮しやすくな
るということだ。これが、私の考える母指・示指を使わせ
ない一番の理由だ。さらには肘の伸展動作までもおこない
やすくなるという立場もあるだろう。

　要は、親指・示指ごとがっちり握っていては手関節が固
まってしまって、おこなわせたいバットの理想的な大きな
動きが制限されてしまう。バットコントロールを思うよう

母指・示指側の筋腱が強く
緊張している場合

母指・示指側の筋腱が
緩んでいる場合

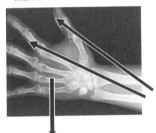 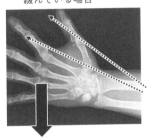

小指側へ動かしにくい　　小指側へ動かしやすい

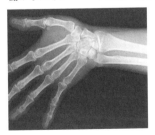

図4-2　母指・示指の筋腱の緊張と手関節の動き

に大きくおこなわせるためには、手関節の遊びや余裕も必要で、そのためには親指・示指の筋腱を不要に緊張させるべきではないということだ。

✔ ゴルフスイングでのゆるゆるグリップの本質は？

また、ゴルフスイングでも、ゆるゆるのグリップがいいとよく言われる。指を握る筋腱は全部の指が、前腕から手関節を通過して指先まで走行している（図4-3）ため、これらを最大限に使って力強く握り過ぎると、介在する手関節までも最初から動かぬように固定されてしまい、結果、バットと全く同じ理屈で、スイングに求められる必要な手関節の動きを妨げてしまうことになる。ただし、緩み過ぎて理想的なクラブの動きに影響が出てしまうことのない範囲であることは言うまでもない。

つまり、ゴルフスイングでも、飛ばしたい時ほど、あらかじめ指全体のグリップ力をできるだけ最低限にしておくことが肝要という指導になるわけだ。

試しに握力計で測ってみると、今の私では、右手の最大握力は32kgだが、握力計を握りつつ手関節をゆるゆるとしておくには8kg程度にしておく必要があるという結果となった。ゴルフクラブはバットよりはるかに軽いため、母指・示指だけではなく、すべての指についても力強く握る必要がないという指導となり、クラブがすっぽ抜けない程

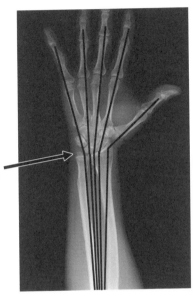

手指の筋腱が強く働いている
と手関節を動かぬように固め
てしまう

図4-3　ゆるゆるグリップが勧められる理屈とは？

度の「ゆるゆる＋α」でいいということになるのだろう。

　グリップ自体も、右母指・示指は特徴的な握り（グリップに添える程度）によって、右母指・示指の腱を緊張させることなく、その結果、必要最小限の力でグリップすることで、同時に手関節に求められる必要な動きを可能にしてくれることになる。また母指・示指は、実は手指の中でもっとも繊細な感覚を担う部位であるため、グリップを包み込むようにあてがうことで、力強さではなく、クラブの

微妙な動きを感じとるセンサーとしての役割が発揮できるように、「添える程度に優しく握れ」という指導になっているのだろう。

　もちろん、ゆるゆるグリップにしておくことで、他部位にも注意が払えることもすでに紹介した。しかし、ゆるゆるグリップがどうしてこれほど勧められるのか、さらに、ゴルフにおけるグリップの原則がどうしてあのような変則な形なのかについては、肩甲骨周辺筋への緊張による無用な肩甲骨可動制限を予防するとともに、手関節の理想的な動きを妨げずに、クラブヘッドに理想的な動きをさせることが大切だったのだろう。さらに個人的にはスイングがコンパクトになって、無駄なクラブの動きが減少した分、クラブの重さも軽く感じとれて、逆にグリップを緩めやすくなった印象が強い。

　逆に、肩甲骨や手関節の動きにマイナスとならない限りは、強くグリップしてもいいということにもなるだろうし、飛ばす必要のないアプローチやパターでは、反対にしっかりグリップさせて、シャフトと腕の動きを最低限にし、より正確さを発揮させているはずだ。これが、野球やゴルフにおけるグリップについて、手のつくりから見た答でいいだろう。

2　背筋力と肩甲骨

　背筋作用を持つ主要なものを挙げると、①脊柱起立筋^{せきちゅうきりつきん}②僧帽筋^{そうぼうきん}　③広背筋^{こうはいきん}　となる。①の脊柱起立筋とは、背骨から起始し、ほぼ同じ背骨に停止するもので、背骨のすぐそばに位置していることから、傍脊柱筋^{ぼう}ともいうが、この筋自体は、腰椎レベルではともかく、背骨の上に行くに従い、胸椎レベルでは次第に非力となる。代わって、胸椎レ

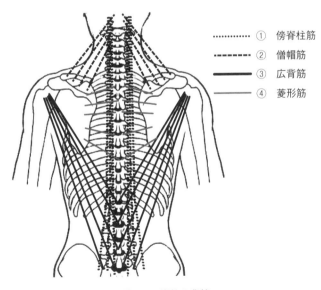

	①	傍脊柱筋
	②	僧帽筋
	③	広背筋
	④	菱形筋

図4-4　脊柱の背筋

ベルで活躍してくれるのが②③である（図4-4）。

　ただ、解剖学の教科書では、背筋は①だけで、②③の筋は脊柱の背筋という扱いではなく、肩甲骨等（上腕骨を含む）の動作筋とされ、これまで述べてきた関節Bに属する筋である。解剖学の立場では、それぞれの起始・停止の部位によって分類が定められており、②③は脊柱の背筋としてではなく、肩甲骨の動きに関わる筋として分類されているからだ。

　しかしこういった分類とは別に、肩甲骨の位置によっては、②③も背筋として働かせることができるということだ。②③は身体の背面にあり、両側肩甲骨を脊柱に寄せ、脊柱に対して肩甲骨に関わる筋群を縦方向に走行させることで、脊柱全体を背屈させるように働かせることができるからだ。最近はスマホやパソコンでも筋トレ指導をしている動画がたくさん見られる。そこでも同じように上記の2つの筋の重要性を述べているが、実はまだ補助筋がある。

　肩甲骨に関する筋群にはまだ他に、④菱形筋、前鋸筋といった筋群もあり、これらの筋群も補助的に②③を強力に働かせるべく仕事をしている。例えば、菱形筋は肩甲骨をできるだけ背骨側に引き寄せるように、前鋸筋は側胸部にあって肩甲骨をできるだけ肋側と密着させるように働く。いずれも、②③の筋力の効率を高めるように働いてくれるのだ。今風に言えば、これらはいずれも体幹筋であり、スポーツの現場ではこれら上肢の土台である肩甲骨周辺筋の

重要性も理解できるだろう。

　誰でも「背すじを伸ばしてごらん」と言われれば、胸を
張ると同時に両側の肩甲骨を背骨に近づけ、肋を後方から
押し付けるような動きをとるだろう。肩甲骨の柔軟性がそ
のまま背骨を起こしたよい姿勢となり、肩甲骨周辺筋が上
半身でもっとも強力な背筋作用を持ち、さらに胸郭の膨ら
みにも関係することも理解しやすいはずだ。

　若い者ほど、肋骨の柔軟性、そして肺活量も大きいのだ
が、それらもそのまま肩甲骨の柔軟性に相互に関連、影響
しているのだろう。加齢に伴い、肋骨・肋軟骨の柔軟性が
落ちていけば、肩甲骨の動きも低下し、肩甲骨が背骨近く
まで回れず、よい姿勢の保持にも貢献しづらくなってしま
う。中高年以降の猫背姿勢の進行は骨粗鬆症由来の脊椎
の変形に加えて、この肩甲骨の加齢による可動域の低下と
大きく関連しているものと私は考えている。

③ 背骨の捻じれと肩甲骨

　ゴルフでも野球でもサッカーでも、あらゆるスポーツで
身体を捻じって使っているし、筋力トレーニングでも身体
を捻じって腹筋を鍛えているのをよく見かける。この場合、
腹筋群の中で特に腹斜筋なるものを鍛えようとしているに
は違いない。教科書を見ても、ネットで検索しても、腰椎
を捻じる筋は腹筋群の中で腹斜筋しか当てはまらない。し
たがって、これまで背骨の捻じれに関しては、柔軟性が
あって捻じれるほど好ましく、その力源として腹斜筋が背
骨の捻じれを担っていると、皆さん方の多くが認識してき
たはずだ。

　ここでは常識に逆らったお話をしよう。

　本来、背骨が可能な捻じれる角度の大きさだが、背骨は
上から、頚椎7個、胸椎12個、腰椎5個で構成されている。
『カパンディ　関節の生理学』（医歯薬出版　1986年1月第
1版）という教科書には、背骨は胸椎12個で片側35度、
腰椎5個で片側5度、合計背骨全体で片側40度捻れると
載っている（図4-5）。

　胸椎は35度だが、対して腰椎はたった5度であり、5度
とは、時計でいえば、秒針の1秒の動きは6度（60秒360
度）であるから、腰椎は5個合わせた全体でも、秒針の

たった1秒程度も動かせないということだ。胸椎はまだし
も、腰椎そのものは実は全く捻じれるようにはできていな
い。しかし、教科書的には、全体でもたった5度しか捻じ
れない腰椎を捻じるための筋肉が腹斜筋ということになっ
てしまっている。

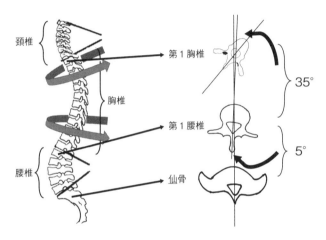

図4-5　脊椎の可能な回旋角度（『カパンディ　関節の生理学』参考）

　実際、仰向けに寝て試してみよう。決して下半身を使わ
ずに寝返りをしていただきたい。その時、一番先に動かす
部位はどこだろう？　普段は無意識にやっていることだが、
左に寝返りをする場合は、まず右の腕を肩ごと回していな
いだろうか？　それに合わせるように、遅れて背骨を回し
て寝返りしているはずだ。

次に、腕も肩も一切使わずに身体を捻じってみよう。どうだろう、できるだろうか？　おそらく誰もが寝返りも含めて一切何もできないはずだ。

　腹筋群・腹斜筋だけでは決して身体をしっかり捻じることなどできないのを確認していただけただろうか？

　もし下半身を使わないのであれば、肩・腕の協力がなければ身体・背骨を捻じることができないのであり、背骨を捻じる力源も、実際にはここまでに強調してきた肩甲骨および周辺筋（関節B）を働かせていたということになる。腰椎部よりも胸部で何倍も捻じれが可能なことからも、納得していただけるだろう。

　普段、ジャンプして回転する時も、最初に腕を広げて、目一杯振り回しつつ、ジャンプして回転しているはずだ。つまり、上半身を捻じるための最大の力源とは「肩甲骨そして周辺筋」であり、下半身での捻じり動作の主体は股関節だ。それはもちろんゴルフスイングに限らず、何でも身体を捻じっておこなうスポーツすべてに共通していることも容易に理解できるだろう。ダウンスイングにおける下半身リードなるものも、体幹・骨盤を先行して動かすことで肩甲骨周辺筋を伸展させて発揮できる筋力を高めるためのものだろう。逆に肩甲骨の柔軟性があれば、いわゆるベタ足のスイングでも十分なパフォーマンスが可能となるだろう。

　第3部でSPATを理論展開したが、私自身も肩甲骨の動

きを意識してテークバックをおこなうだけで、軸が安定し
つつトップで上半身の十分な捻じれも獲得しやすくなった
という印象があり、肩甲骨が身体の捻転や回転にもっとも
関わっているであろうことを改めて確認することになった。

　また、腹斜筋の真の役割についてだが、もともとはたっ
た5度しか捻じれない腰椎を捻じるためのものではなく、
逆に、傷めやすい腰椎部分を上半身と下半身の捻じれに
よって傷めることのないように、できるだけ捻じれぬよう
に常に防御的に働いているものと見つめ直すべきだ。この
点については、子供たちの腰椎分離症などのスポーツ障害
予防や、成人以降の腰痛疾患対策における腹筋群の重要性
について、私の著書『天使の翼がゴルフを決める』（文芸
社　2001年）、『令和の時代、君たちの背骨は大丈夫
か？』（文芸社　2020年）に、哺乳動物の進化という立場
からも併せて詳細に記述してあるので、興味のある方は参
照していただければ幸いだ。

　腹筋群を活用し、「体幹」を一体として使うことで、下
半身のパワーを伝達させて関節Bの機能向上につながって
いくことになる。結論だが、「体幹」という部分において
も、肩甲骨「天使の翼」をしっかり使いこなすことが、そ
のまま、身体の捻じれを伴うあらゆるスポーツにおいて、
パフォーマンス向上および障害予防に通じてくれると言っ
ていいだろう。

おわりに

　整形外科医となって以降、幼い子供たちに備わった肩甲骨および周辺筋の大きな動きと、持てる能力の限りない可能性に気づき、上肢・腕の土台としての本来持ちえる能力の大きさに加え、上半身の背筋力として、さらには背骨・体幹における捻じり動作の力源としても強力であることから、スポーツ動作における上手さ・強さとの関連性について、私なりに長年にわたってこだわり続けてきたものを今回、SPAT（肩甲骨先行動作理論：Scapula Preceding Action Theory）として、改めて整理させていただいたのだが、いかがだっただろう？　スポーツ動作における上手さ・強さに対する私が今回導きだした答とは、「たとえ使っている、動かしている感覚や自覚がなくとも、肩甲骨から運動連鎖を開始させ、肩甲骨周辺筋がもっとも力強さを発揮できる位置に肩甲骨を経由させて使え」というものだ。一言で言えば、「肩甲骨を先行して使え」という極めて単純なものとなった。

　すでに上級者となって理想的なゴルフスイングを習得されている方々にとっては、今回紹介した肩甲骨に関わる事項の説明など、もはや不要で興味はなく、もっと微妙で繊細な手先、その他の使い方にこだわる必要があるだろうし、人並みはずれた柔軟性や体力・筋力のある方々にもあては

まらないかもしれない。例外的な使い方で上級レベルを発揮しているプレーヤーもいるかもしれない。しかし、私は自分も含め、もがき迷い続けている一般アマチュアの大多数を対象に、ヒトの身体のつくりに準じた理にかなった使い方について、できるだけ普遍的に、スポーツ全般に通じる立場で論じてきたつもりだ。

　私自身は、片田舎の診療所医師であり、スポーツ愛好家程度の一アマチュアゴルファーに過ぎず、今回、紹介した内容も多少肩甲骨に詳しい一整形外科医として、身体のつくりを基に、試行錯誤を繰り返し、積み重ねてきたものだ。自身の技量に関しても、周りの先輩諸氏や同業の先生方たちを容易に説得させうるほど、さほどうまく実践できているわけでもないし、人並み以上に容易に上達できていれば、ここまでこの部位を追求することもなかっただろう。

　ただ、「肩甲骨および周辺筋」の機能的重要性の大きさを認識した時点からは、「この部位にこだわらずして、身体のつくりから見て理にかなった使い方、さらには上手さ・強さの本質を追求することなどできるはずもない」というスタンスで、ゴルフに限らずスポーツ動作を見つめてきた。

　この部位は、一般の方々はもとより、身体のつくりをもっともよく知るはずの治療サイドからもこだわる必要がなかった部位であるが、見た目の動きに惑わされることなく、この部位の機能から、ゴルフに限らず「スポーツの上

手さ・強さ」に対する謎解きを試みてきた。

　19年前の前著も、このスタンスで、この部位の持てる機能の大きさといったハード面に徹底してこだわったのだが、今回は「力の抜きどころ」や、肩甲骨の先行始動による「腕のしならせ方」とともに、パワフルさを発揮するためのメカニズムといった、いわばこの部位の使い方というソフト面について、全く新しい概念を提唱させていただき、改めてスポーツ動作におけるこの部位の本来の重要性について紹介させていただいた。

　ヒト本来の「身体のつくりから見て理にかなった使い方」の大原則があるとすれば、使っている自覚や意識がなくとも、哺乳動物に共通した肩甲骨および周辺筋の大きな動きや機能が決して無視できるはずもないこと、さらに肩甲骨の先行始動が重要で、日頃の身体の処し方・使い方、そして幼い時分の外遊びの中に大きなヒントがあり、また今から遡ること半世紀以上も前にすでに、あの長嶋茂雄の選手時代のスローイングやスイングが理想として示されていたことを、SPATとして紹介した。当時、私と同様に野球少年として監督の華麗なパフォーマンスに憧れた中高年以上の方々ならば、今回の私が提唱した仮説に十分に共感・理解していただけるものと思う。

　そして、身体のつくりから見て、ヒト腕を効率よくパワフルに、かつ再現性も高くパフォーマンスを発揮するため

には、投球動作と同様、スイング前半の力の抜きどころを守るとともに、幼い時分に外遊びの中でしっかりと使っていたはずの肩甲骨を、認識しづらくとも、切り返しからの先行始動を長嶋監督を理想に使いこなせ……という結論とさせていただいた。

　私の周りでも「力の抜きどころ」や「たわみ、しなり」などを一切意識せずとも、理想的なスイングを身につけられた素晴らしい技量を持つアマチュア上級者も数多くおられるし、実際にトッププレーヤーとして活躍されているプロや上級者の方々にとっては、今回のSPAT程度のことについては、たとえ無自覚であっても彼らにはすでに身体にしっかり染み付いた使い方のはずで、そこがわれわれ一般アマチュアレベルとプロ・上級者との明確な違いの一つと言ってもいいのだろう。

　彼らではさらなる高みを求めて、もっと違う次元にこだわる必要性があるのだろうが、われわれ一般アマチュアゴルファーにとっては、上級者レベルを目指すための到達点の一つとしていいと思う。

　肩甲骨および周辺筋は、繰り返すが、いわば人智が及ぶことなく、全人類を手玉にとって、騙し、惑わし、欺き続け、弄んできた部位だ。われわれ整形外科医ですら、その動きや機能をいまだに明確に把握できておらず、まだまだ

秘められた機能や使い方があるはずだ。また、いくら上手く使われていても、何人であっても意識や感覚が届かぬまま、加齢とともに可動域や機能が低下してしまい、スポーツの現場では具体的にこれまで記憶にも記録にも残せることはなかったと言っていい。

　個人それぞれが、この部位に踏み込んで正確に表現することもできず、受け止め方も人みな異なることも当たり前で、共通の概念でこの部位を正しく評価して理解し合えることもなく、たとえトップレベルのプレーヤーあるいは指導者の方々同士であっても、全く逆の表現や指導となってしまっていたこともやむを得ない。

　今や、さまざまなゴルフ理論が巷にあふれているのだが、私本来の整形外科医としての立場からは、「力の抜きどころ」やオーバースイングの制限を重視し、肩甲骨先行始動を活用することは、腰・肩痛他の各部の障害予防とともに、生涯スポーツとしてシニア世代にとって身体に優しいスイングへ導いてくれるはずだ。

　世間にはヒト解剖学に詳しいトレーナーやゴルフ、スポーツ関係者もたくさんおられる。日頃は「体幹」という言葉に含まれ置き換えられて、彼らも多少なりとも「肩甲骨および周辺筋」を考慮しており、肩甲骨や体幹という言葉を用いてゴルフスイングを紹介している動画もたくさん検索できる時代になったが、私の立場からは、この部位は

あくまで上肢・腕の土台としての役割を主体としている。いわゆる運動連鎖においてはSPATに準じて肩甲骨に先行始動をおこなわせ、もっとも力強く腕を使える肩甲骨の位置を経由させてインパクトを迎えることが、ヒト腕本来のパワフルさを発揮する上でもっとも重要な基本事項であろうことを紹介させていただいた。

　もちろん、ゴルフに関してはアプローチやパターによるスコアメイクが重要で、パワフルさだけではないことも承知している。また、本書ではほとんど述べてこなかったが、実際のプレーでは、肩甲骨関連以外のさまざまな既存の指導や細かいチェック、そしてクラブの持つ物理的特性（例えば、シャフトの軸とクラブヘッドがずれていること、グリップよりヘッドがはるかに重い構造など）から、クラブが本来持ちえる機能を最大限に発揮させる使い方も重要だろう。今回紹介したものは、繰り返すが、「力の抜きどころを守り、肩甲骨の先行始動を人それぞれに合わせておこなえ」というものだ。

　誰もが馴染みのない、現代科学でもこだわってこなかった観点からのものであり、まだ至らぬ不十分な点も多々あるだろうが、視点は違えど、既存の概念と相反する内容でもなく、身体のつくりに基づいたより広く深い立場からの概念と言っていいと認識している。

　解剖学的知識のある人々にとっては、肩甲骨先行指導と

いう今回の仮説はさほど難しいものでもなく、無理なく受け止めていただけるはずだ。いずれ、今回のSPATを軸に、単なる体幹という扱いではなく、この肩甲骨（天使の翼）に基づいた概念が、確実に広く浸透し、近い将来、この部位を中心に、既存の概念と協調・融合し、さらにもっと進化していくことを私は秘かに期待している。

　さらに、この「力の抜きどころ」や「たわみ、しなり」、そして肩甲骨および周辺筋を重要視する概念は、球技他のあらゆるスポーツ、特に剣道・柔道などの武道や格闘技系のさまざまな各種の技にも通じていると見ていいだろう。突きやパンチ動作だけではなく、さまざまな技も、たとえ肩甲骨の動きが落ちつつあっても、それぞれの高段の達人たちが表現する、例えば独特の間合いや呼吸法、懐の深さといった、客観的な評価が困難で不可思議な感性・感覚的な概念やこだわりについても、本書で紹介した肩甲骨の先行指導を生かし、ポジションWおよびDに相当する位置からの使い方が、長年の鍛錬によって、主観的な表現になってしまうのだが、最大限に増幅されて活用することで、彼らのなせる超越かつ驚異的な技量が可能となっているのだろう。

　科学技術の向上により、クラブやボールといった道具の進化はもちろん、新たに詳細な分析や解析も可能にはなっ

たが、やはりヒトの身体がもっとも基本的な道具であることは、今後も決して変わることはない。

　25年以上前に私自身が独自にその重要性を提唱した、臨床医学では全く論じる必要性のなかった「肩甲骨および周辺筋」だが、再び私自身の手で、さまざまなスポーツ動作での万人に共通する「上手さ・強さ」に通じる答を、今回SPATとして、幼い少年時代からの憧れの存在であった長嶋監督に求めるとともに、より広く深く大きな概念で解剖学的に客観的な表現でひと整理できたことに、一ファン・一医師・一探求者として、この上ない達成感・満足感を感じている。

「身体のつくりから見て理にかなった使い方」や「スポーツの上手さ・強さの本質」といった、現代科学でも未解明な課題について、持てる知識や知恵を絞り、身体の基本構造から新たな概念を探り出し、おこがましいこととは重々承知もしているのだが、皆さん方に「肩甲骨および周辺筋」の秘めた大きな能力を広く知っていただき、先輩諸氏および諸先生方のご批判、ご指導も仰ぎつつ、今後もゴルフに限らず人類のスポーツ文化にわずかでも貢献したいという私の当初の気持ちに変わりはない。

　私自身は体力・筋力も、そして肩甲骨の可動域も、すでに大きく下り坂となってしまい、常時、今回の仮説どおりに使いこなせるわけではなく、まだ周りの上級者たちの領域にたどり着けてはいないのだが、引き続き開拓者精神を

貫き、機会があればどこかでまたその後を紹介したいと思う。

　この部位はまだまだ奥深く、「天使の翼」として神秘に満ちあふれ、決して人智の及ばぬ未知の領域であることから、長嶋茂雄のような偉大で伝説的なプレーヤーと、一部のごく限られた達人たちだけが踏破、克服できているのだろう。対してわれわれ一般人では容易にたどりつけないのも仕方がない。誰しも人それぞれにこの部位を究極に生かすことを念頭に、私ももちろんなのだが、日頃から身体、特に肩甲骨の柔軟性を保持しつつ、地道な練習を積み重ねて努め続けるしか道はないのだろう。

　本書が、悩み迷える多くの方々に何らかのお役に立つことを期待するとともに、ゴルフに限らず各種スポーツ指導者・関係者の方々、さらには現役プレーヤーおよび将来が期待される少年少女たちに、わずかでも貢献できれば幸いだ。さらに、シニアのトップアマチュアの方々には忌憚のないご意見とともに、まだまだ未熟な私に是非とも指導していただければ……とも思っている。

主な著者参考文献

田中直史、他「体幹の回旋運動時における脊柱の回旋と肩甲骨の動きについての検討」関西臨床スポーツ医・科学研究会誌3：p.85-89（1993）

田中直史、他「ゴルフスイングにおける肩甲胸郭関節の動きについて」日本整形外科臨床スポーツ医学会雑誌14：p.79 − 88（1994）

田中直史、他「水平面における肩甲上腕リズムについて　肩関節」18：p.48 − 53（1994）

田中直史、他 "Motion Studies of the Gleno-Humeral Rhythm Using a VICON Motion Analysis System." 日本整形外科スポーツ医学会雑誌15：p.23 − 33（1995）

田中直史、他「VICONによる肩甲骨の動作解析」日本臨床バイオメカニクス学会誌16：p.217 − 222（1995）

田中直史、他「ゴルフスイングにおける若年者の有利性」日本整形外科スポーツ医学会雑誌15：p.102（1995）

田中直史、他「いわゆるゼロ・ポジションにおける肩内外旋筋力の力源について」臨床スポーツ医学13：p.1049 − 1053（1996）

田中直史、他「アカゲザルの肩甲骨動作解析からみたヒト肩甲胸郭関節の重要性」京都大学霊長類研究所年報26：p.90（1996）

田中直史、他「投球動作時の肩甲骨動作解析」日本肩関節学会雑誌肩関節」21：p.289 − 292（1997）

田中直史、他「アカゲザルの肩甲骨動作解析」日本肩関節学会
雑誌肩関節」21：p.255－258（1997）

田中直史、他「肩甲胸郭関節の加齢による動きの低下と上肢運
動連鎖としての機能について」別冊整形外科36（肩関節）：p.13
－18　南江堂（1999）.

田中直史、他「加齢に伴う肩甲骨の可動域の変化からみた肩甲
胸郭関節機能について」リハビリテーション医学37：p.1103
（2000）

田中直史「肩甲骨は大事なゴルフギアなのだ!!」

GOLF　mechanic vol.36：p.52-58（2009）

田中直史『天使の翼がゴルフを決める』文芸社（2001）

田中直史『令和の時代、君たちの背骨は大丈夫か？』文芸社
（2020）

著者プロフィール

田中 直史（たなか なおふみ）

1955年、大阪府出身。
1981年、弘前大学医学部卒業。大阪市立大学医学部整形外科学教室入局。
1987年、大阪市立大学大学院修了。小児外科グループにて先天性股関節脱臼を研究。
関連病院で救急医療に従事。
1992年、大野記念病院整形外科部長。これよりスポーツ動作での肩甲骨の重要性に着目。各種学会・研究会で論文を発表。
2000年、同病院リハビリテーション科部長。
2006年、田中整形クリニック院長、現在に至る。
日本整形外科学会専門医。
【既刊書】『天使の翼がゴルフを決める　──知的スポーツ人間講座』(2001年)『新装版　天使の翼がゴルフを決める　──肩甲骨でわかるゴルフ上達法』(2004年)『令和の時代、君たちの背骨は大丈夫か？』(2020年　すべて文芸社刊)

「天使の翼」が上手さ・強さの謎を解く！
新釈　「力の抜きどころ」の重要性、そして「腕のしならせ方」について

2020年10月15日　初版第1刷発行

著　者　田中　直史
発行者　瓜谷　綱延
発行所　株式会社文芸社
　　　　〒160-0022　東京都新宿区新宿1−10−1
　　　　　　　　　　電話　03-5369-3060　（代表）
　　　　　　　　　　　　　03-5369-2299　（販売）

印刷所　株式会社フクイン

ISBN978-4-286-21961-5